D1881861

अपवित्र आख्यान

[उपन्यास]

अपवित्र आख्यान

अब्दुल बिस्मिल्लाह

राजकमल प्रकाशन

ISBN : 978-81-267-1477-3

मूल्य : ₹695

© अब्दुल बिस्मिल्लाह

पहला संस्करण : 2008
दूसरा संस्करण : 2025

प्रकाशक : राजकमल प्रकाशन प्रा.लि.
1-बी, नेताजी सुभाष मार्ग, दरियागंज
नई दिल्ली-110 002
शाखाएँ : अशोक राजपथ, साइंस कॉलेज के सामने, पटना-800 006
पहली मंजिल, दरबारी बिल्डिंग, महात्मा गांधी मार्ग, प्रयागराज-211 001
1, अनमोल सोराबजी सन्तुक लेन, धोबी तलाव, मरीन लाइंस, मुम्बई-400 002
वेबसाइट : www.rajkamalprakashan.com
ई-मेल : info@rajkamalprakashan.com

मुद्रक : बी.के ऑफसेट
नवीन शाहदरा, दिल्ली-110 032

APAVITRA AAKHYAN
by Abdul Bismillah

इस पुस्तक के सर्वाधिकार सुरक्षित हैं। प्रकाशक की लिखित अनुमति के बिना इसके किसी भी अंश को, फोटोकॉपी एवं रिकॉर्डिंग सहित इलेक्ट्रॉनिक अथवा मशीनी, किसी भी माध्यम से, अथवा ज्ञान के संग्रहण एवं पुन:प्रयोग की प्रणाली द्वारा, किसी भी रूप में, पुनरुत्पादित अथवा संचारित-प्रसारित नहीं किया जा सकता।

पवित्र-हृदयों के लिए

दुनिया ने तजुर्बातो-हवादिस की शक्ल में
जो कुछ मुझे दिया है लौटा रहा हूँ मैं

—साहिर लुधियानवी

I fall upon the thorns of life, I bleed.

—P. B. Shelley

वे दोनों पहली बार साथ-साथ रिक्शे पर बैठे थे। गर्मियों के दिन थे। चारों तरफ़ धूप चिलचिला रही थी। रह-रहकर धूल-भरे बवंडर उठ रहे थे। पसीने से रिक्शा चलानेवाले की क़मीज़ तर हो गई थी। मगर था वह मस्त। गले में लाल रंग का रूमाल बाँधे गुनगुनाता हुआ इतनी तेज़ी के साथ रिक्शा चला रहा था कि वे लोग रह-रहकर एक-दूसरे को पकड़ लेते थे। जब कभी वह दाएँ या बाएँ रिक्शा घुमाता तो ऐसा लगता मानो अब गिरे, अब गिरे। रिक्शा जैसे ही चौड़ी सड़क को पार करके सँकरी सड़क पर पहुँचा, यासमीन ने अपना पर्स खोला और नक़ाब निकालकर जल्दी-जल्दी उसे पहनने लगी। जमील हक्का-बक्का रह गया।

"यासमीन, तुम नक़ाब ओढ़ती हो ?"

"क्यों ?" यासमीन ने उँगलियों से नक़ाब का पल्ला उठाते हुए उसकी तरफ़ ताका। "हिन्दी पढ़ने का यह मतलब तो नहीं होता कि आदमी अपनी तहज़ीब भुला दे।"

"यह तुम्हारी तहज़ीब है, या डर ?"

"क्या मतलब ?"

"कुछ नहीं, कुछ नहीं... ।"

"देखो जमील..." बस, इतना ही यासमीन ने कहा और रिक्शेवाले को आगे बढ़ने से रोकती हुई बोली, "रुको।" रिक्शा रुक गया।

"तुम यहीं उतर जाओ।" यासमीन ने उस क्षण ठीक से अपना चेहरा छिपा लिया था, "मैं चलती हूँ। तुम थोड़ी देर बाद आना।"

"क्यों ?"

"यूँ ही, हमारा इस तरह एक साथ रिक्शे पर बैठकर घर चलना ठीक

नहीं होगा। अब्बू ने या बड़े भैया ने देख लिया तो... ?''

''तो क्या होगा ?''

''होगा तो कुछ नहीं, मगर...''

जमील रिक्शे से उतर गया।

''चलो...'' यासमीन ने रिक्शेवाले से कहा और जमील से बोली :

''थोड़ा इधर-उधर टहलते हुए आना—आँ...। मकान नम्बर एक सौ पैंतीस, ठीक रोड पर...।''

धूल का एक जलता हुआ बवंडर आया और पल-भर में रिक्शा ओझल हो गया।

जमील पीछे से आ रहे स्कूटर की पिर्र-फिर्र से चौंका। घबराहट में वह बजाय बाईं ओर हटने के दाहिनी ओर भागा। स्कूटरवाले के मुँह से एक अस्पष्ट-सी गाली निकली, फिर वह भी ओझल हो गया।

दाहिनी तरफ़ चायख़ाना था। सामने भट्ठी में पत्थर के कोयले दहक रहे थे, जिन पर एक ऐसी केतली चढ़ी हुई थी जो कभी माँजी नहीं जाती थी। उसके बदन पर ख़ूब मोटी काली पर्त जमा थी। भट्ठी के ऊपर, इधर-उधर उबली हुई चाय की पत्तियाँ बिखरी थीं। कहीं-कहीं शक्कर के दाने भी। इस तरह कुल मिलाकर ऐसा लग रहा था मानो वह भट्ठी नहीं, साक्षात् ब्रह्मांड है। लाल-लाल दहकते हुए सूर्य के इर्द-गिर्द दर्शनीय-अदर्शनीय नक्षत्र...।

जमील चायख़ाने में घुस गया। वहाँ धूप नहीं थी, मगर भट्ठी की आँच का ताप मौजूद था। धूल के बवंडर भी नहीं थे, मगर बीड़ियों का धुआँ भरा हुआ था। वह एक बेंच पर बैठ गया।

''एक चाय।'' उसने ज़रा ज़ोर से आवाज़ लगाई और अपनी फ़ाइल रखने के लिए जगह देखने लगा। जिस बेंच पर वह बैठा था, उस पर दो लोग और बैठे हुए थे—दाहिनी तरफ़। बाईं तरफ़ थोड़ी-सी जगह ख़ाली थी, मगर वहाँ पानी गिरा हुआ था। टेबुल पर चाय के भरे हुए प्याले तो थे ही, ख़ाली भी पड़े थे। उन पर मक्खियाँ भिनभिना रही थीं। प्यालों और मक्खियों के क़ब्ज़े से जो टुकड़े बचे हुए थे उन पर या तो अधजली बीड़ियों के जंगल नज़र आ रहे थे या फिर छलकी हुई चाय के सागर...

और जमील की फ़ाइल में...अयोध्याकांड, कामायनी और झूठा सच के नोट्स...।

चाय आ गई। जमील ने फ़ाइल अपनी गोद में रख ली और इन्तज़ार करने लगा। चाय के ऊपर भूरे रंग की पर्त जम जाने का इन्तज़ार। जमील पहले उस पर्त को उँगली से निकालकर अलग करता, फिर चाय पीता। यह उसकी आदत नहीं, उसका दर्शन था। पानी में घुसने से पहले काई हटा दो। पानी क्या है ? काई क्या है ? इन प्रश्नों के उत्तर अभी तक उसे नहीं मिले थे।

जमील मुस्कराया। लेकिन तुरन्त ही उसने लक्ष्य किया कि सामने की बेंच पर बैठा आदमी भाँप गया है कि वह मुस्करा रहा है। जमील गम्भीर हो गया। 'ये क्या दार्शनिकों जैसी बातें करते हो ?' यासमीन ने उस दिन उसे टोका था—लाइब्रेरी में। 'इस मुल्क में क्या कोई मुसलमान दार्शनिक हुआ है ?'

चाय पर भूरे रंग की पर्त जम गई थी। मगर जमील ने जब उसे अलग करने की कोशिश की तो वह बिखर गई। अब उसे हटाया नहीं जा सकता था। या तो पर्त के टुकड़ों समेत चाय पी जा सकती थी, या फिर छोड़ी जा सकती थी ! सो, क्या करना चाहिए ?

मकान नम्बर एक सौ पैंतीस में जाना चाहिए या नहीं ? जमील ने समय जानने के लिए अपनी बाईं कलाई पर से क़मीज़ की आस्तीन हटाई लेकिन घड़ी तो वहाँ थी ही नहीं। वह झेंप गया। मान लीजिए, आपका रास्ता बीच में कहीं कटा हुआ हो और उस गड्ढे में पाँव रखते हुए ही आप आगे बढ़ते हों...कि अचानक एक रोज़ जब आप गड्ढे में पाँव रखने की कोशिश करें और पता चले कि वहाँ तो कोई गड्ढा नहीं है...तो ?

दरअस्ल हफ़्ते-भर पहले जमील ने अपनी घड़ी बेच दी थी। मगर वह भूल गया था...और...और घड़ी के बग़ैर भी क्या कोई समय का अनुमान लगा सकता है ?

जमील को लगा कि वह फिर दर्शन के जाले में फँस रहा है। किसी भी जाले अथवा जाल में न फँसने का एकमात्र उपाय यह है कि मनुष्य स्वयं को कार्य और कारण से परे कर ले। उसने तत्काल यह निर्णय लिया और चाय छोड़ दी ! वाह, निर्णय ले लेने का भी क्या सुख है ! वह भट्ठी के ताप और धुएँ की घुटन से बाहर आ गया। जमील यासमीन के घर नहीं गया।

शाम हो गई थी, मगर सूरज अभी नहीं डूबा था। वह क़ब्रस्तान के पार, पेड़ों के पीछे चमक रहा था। जमील ने खिड़की खोली तो भीतर एक लपट-सी घुसी। उसने फ़ौरन खिड़की बन्द कर दी। खिड़की के पास ही उसकी चारपाई थी–बँसखट। दस रुपए में ख़रीदी थी। बँसखट पर एक पुरानी-सी दरी बिछी थी, जिस पर उसने लाल-हरे चारख़ाने की सूती चादर डाल रखी थी। तकिया बहुत पुराना था। भीतर कई-कई तो अस्तर थे, जिनमें सबसे ऊपर वाला भी तेलहुँस...उसके ऊपर एक सस्ता-सा कवर। जमील ने खिड़की बन्द करने के बाद बिस्तर उलटकर सिरहाने की तरफ़ मोड़ दिया।

दरवाज़े के पास उसका किचन था। कोयलों वाली एक अँगीठी, आटा-चावल-दाल के डिब्बे, बालटी, कुछ बर्तन और एकदम कोने में कोयलों वाली बोरी। अँगीठी में कोयले धधक गए थे। जमील ने पतीली में दाल का पानी चढ़ा दिया।

जमील ने वह कमरा पन्द्रह रुपए महीने पर लिया था, जिसका दरवाज़ा पश्चिम की तरफ़ था। उसके गाँव में ऐसा कोई भी घर नहीं था। वहाँ दरवाज़े या तो पूर्व की तरफ़ थे या फिर उत्तर की तरफ़। पश्चिम की तरफ़ दरवाज़ा बनाने का तर्क उसकी समझ में नहीं आता था। गर्मियों में दिन-भर सूरज की लपटें भीतर आती थीं। लेकिन मकान-मालिक के पास तर्क था। मग़रिब में काबा है ! और मशरिक़ में ? मशरिक़–यानी पूरब में मकान-मालिक ने पाखाना बनवा रखा था, जिसमें प्रवेश करने के लिए पहले कमरे से बाहर निकलना होता था, फिर बाईं ओर की गली से पीछे की तरफ़ जाना होता था। चूँकि पाख़ाने में ताले की व्यवस्था नहीं थी, इसलिए वहाँ कोई भी जा कर निपट सकता था !

खाना और पाख़ाना–कितने मिलते-जुलते शब्द हैं। हैं कि नहीं ?

जमील पानी में दाल के दाने डाल रहा था और मुस्करा रहा था। उस समय उसकी मुस्कान को भाँपनेवाला वहाँ कोई नहीं था। दाल जब पक जाएगी तो वह पकाएगा चावल। चावल जब पक जाएगा तो वह पकाएगा सब्ज़ी। सब्ज़ी जब पक जाएगी तो वह बनाएगा रोटी। रोटी जब बन जाएगी तो वह...आदमी इसी तरह सोचता है, जबकि ऐसा होता नहीं। सच तो यह है कि जमील दाल पकाने के बाद सिर्फ़ रोटी बनाएगा ! अरहर की ख़ूब गाढ़ी दाल–हल्दी, लहसुन और कटी मिर्च वाली। साथ में मोटी-मोटी दो रोटियाँ... अगर वह चावल बनाता तो सिर्फ़ चावल बनाता। बाज़ार से एक रुपए की

दही दीये के बराबर कसोरे में ले आता और थोड़ा-सा शक्कर मिलाकर खा लेता। मगर सोचने में क्या जाता है ?

दाल में हल्दी-मिर्च डालकर जमील कुर्सी पर बैठ गया। कुर्सी ? हाँ, बँसखट के साथ ही उसने पचास रुपयों में एक कुर्सी और एक मेज़ भी ख़रीदी थी। महुवे की लकड़ी की। किचन के बगल में ही वे सजी हुई थीं। क्योंकि उसी तरफ़ दीवार में अलमारियाँ बनी थीं। अलमारियों में किताबें भरी थीं। जमील ने उन्हें कबाड़ी की दुकान से ख़रीदा था। डाक्टर ज़िवागो आठ आने में, यह पथबन्धु था (छात्र संस्करण) एक रुपए में, मार्क्स, गांधी एंड सोशलिज़्म दो रुपए में, न आनेवाला कल और वरुण के बेटे (पाकेट बुक) चार-चार आने में...जमील कुर्सी पर बैठता तो पहले उन किताबों को गम्भीरतापूर्वक देखता, फिर रद्दी की दुकान से तौल के हिसाब से ख़रीदे गए काग़ज़ों को टेबुल पर फैलाकर अपनी क़लम का कैप खोलता। कहानी-लेखक : जमील अहमद... !

'हिन्दी में बहुत से मुसलमान कहानी-उपन्यास लिख रहे हैं, क्या तुम कोई नया तीर मारनेवाले हो ?' यासमीन ने उसे टोका था एक दिन—पार्क में घूमते हुए। जमील को लगा, कोई दरवाज़ा खटखटा रहा है। उसके बदन पर उस वक़्त सिर्फ़ एक जाँघिया था—पट्टे का—और सेंडो बनियान। लेकिन लुंगी बाँधने का मतलब था खटखटाने की आवाज़ को सुनते रहना—लगातार। यह बहुत तकलीफ़देह था...उसने दरवाज़ा खोल दिया।

"आपको बुलाई हैं। अभी।"

सड़क पर एक बचकानी साइकिल थी। सीट पर इरफ़ान बैठा था—यासमीन का भाई। उसका एक पाँव पायडिल पर था, दूसरा चबूतरे पर।

"तुम चलो, मैं आता हूँ।"

इतना कहते ही साइकिल मुड़ गई और दरवाज़ा बन्द करके जमील कपड़े बदलने लगा।

जमील जब कमरे से बाहर आया, सूरज डूब चुका था। क़ब्रिस्तान में खड़े पेड़ों पर झुंड की झुंड चिड़ियाँ मँडराने लगी थीं। गली में सस्ती आइसक्रीम और चाट बेचनेवालों की आवाज़ें गूँजने लगी थीं। नंगे-अधनंगे बच्चे अपनी मुट्ठियों में पैसे दबाए उनके इर्द-गिर्द चक्कर काट रहे थे। दरवाज़ों पर पड़े मैले-कुचैले पर्दों की आड़ से उनकी अम्माओं के चेहरे झाँक रहे थे। मुहल्ले की दुकानों में बत्तियाँ जल गई थीं। क़साइयों ने छत से लटक रहे गोश्त के

बड़े-बड़े टुकड़ों पर से दिन-भर पड़े हुए कपड़े हटा लिए थे। सड़क किनारे लगे एकमात्र नल पर नहाने वालों की भीड़ जुटने लगी थी...।

छोटा पाकिस्तान ! शहर के लोग उस इलाक़े को इसी नाम से सम्बोधित करते थे। हिन्दू रिक्शेवाले रात के वक़्त उस तरफ़ जाने से डरते थे—कहीं काटकर लोग अपनी दुकानों में न टाँग लें ! लगभग सौ क़दम आगे चलकर बाईं ओर मुड़ने पर हिन्दुओं का मुहल्ला था। उसके बाद फिर एक क़ब्रिस्तान—ख़ूब बड़ा-सा। जमील को वह जगह बहुत अच्छी लगती थी, इसलिए वहाँ वह धीरे-धीरे चला करता था—क़ब्रिस्तान की शान्ति का लुत्फ़ उठाते हुए। क़ब्रिस्तान के बाद फिर उसी तरह की दुकानें नज़र आती थीं। मशीनों पर बड़ी-बड़ी कैंचियाँ रखे दर्ज़ी, उस्तरे घुमाते हज्जाम, छतों से गोश्त के टुकड़े लटकाए क़साई—यह सब देखकर कोई भी डर सकता था। जमील भी डरा। अच्छा ही हुआ कि वह यासमीन के साथ रिक्शे पर बैठकर नहीं आया, वरना...वरना क्या ये लोग उसे मार डालते ? हिन्दू समझकर ? फिर ये क्या करते ? आराम से सब्ज़ी-तरकारी ख़रीदते हुए घर चले जाते ?

जमील को कोफ़्त हुई। क्या सोच रहा है वह ? वह मकान नम्बर एक सौ पैंतीस के बारे में क्यों नहीं सोचता, जहाँ यासमीन उसका इन्तज़ार करती बैठी होगी—दोपहर के अपने बरताव पर पछताती हुई, माफ़ी माँगने के लिए तैयार ?...ठीक रोड पर, बाईं तरफ़ एक किवाड़ पर चार कीलों से लोहे की एक प्लेट टँगी थी—नीले पेंट से पुती हुई और उस पर सफ़ेद पेंट से लिखा था : म. नं. 128 यानी इसी तरफ़ कहीं एक सौ पैंतीस नम्बर भी होगा।

"आइए, आइए।"

जमील चौंका। मकान नम्बर एक सौ अट्ठाईस के बाद वाले चबूतरे पर इरफ़ान खड़ा था।

"आइए।"

"मगर यह तो शायद मकान नम्बर एक सौ उन्तीस होगा।" जमील हकलाया। इरफ़ान हँसा।

"जी नहीं, एक सौ उन्तीस, तीस वग़ैरह पीछे हैं। आइए।"

जमील चबूतरे पर चढ़ गया। इरफ़ान भीतर घुस गया।

"आइए न ! अन्दर आइए, बैठिए," कहते हुए इरफ़ान बग़ल के दरवाज़े में घुसकर न जाने कहाँ ग़ायब हो गया। जमील एक कुर्सी पर बैठ गया।

वह एक आयताकार कमरा था, जिसमें एक तरफ़ एक छोटी-सी चौकी बिछी थी और सामने दीवारों से सटकर प्लास्टिक के ताँत से बुनी हुई कुर्सियाँ रखी थीं। कुर्सियों पर घर की बनी हुई पतली-पतली गद्दियाँ पड़ी थीं। पीठ टिकाने वाले हिस्से भी कवर से ढँके हुए थे। एक कोने में एक ऊँची-सी तिपाई रखी थी, जिस पर पीतल का फूलदान सजा था। तिपाई के पास ही एक छोटी-सी मेज़ थी, जिस पर अंग्रेज़ी और उर्दू के अख़बार पड़े थे।

दीवारों पर मक्का मोअज़्ज़मा और दरगाह अजमेर शरीफ़ के तोग़रों के अलावा रुई से बना ख़रगोश, काले कपड़े पर सफ़ेद धागे से बना ताजमहल और अरबी की कोई इबारत साधारण क़िस्म के फ्रेमों में मढ़े टँगे हुए थे। एक तरफ़ एक कैलेंडर भी झूल रहा था, जिस पर ऊपर की तरफ़ एक लड़की क़ुरआन शरीफ़ खोले बैठी थी और नीचे—तारीख़ वाली चिटों से ऊपर किसी बीड़ी का विज्ञापन छपा हुआ था।

"कहिए जमील मियाँ, क्या हाल हैं ?"

जमील ने भीतरी दरवाज़े की तरफ़ देखा। उधर से एक बुज़ुर्ग बदन पर चारख़ाने की लुंगी और सफ़ेद लखनौआ कुर्ता पहने बीड़ी फूँकते हुए कमरे में आए और एक कुर्सी पर बैठ गए।

"सलाँवालेकुम !" जमील हकलाता हुआ बोला।

"वालेकुम अस्सलाम ! शन्नो अक्सर आपका ज़िक्र करती है। बता थी, कुछ लिखते-विखते भी हैं आप ?"

"जी... !"

"हिन्दी में ?"

"जी... !"

"अरे मियाँ, लिखना ही है तो उर्दू में लिखा करो। उर्दू आती तो है ?"

"जी हाँ...।"

"फिर ? हिन्दी में लिखकर क्या करोगे ? शन्नो से भी मैं यही कहता हूँ। उर्दू हमारी मादरी ज़बान है।

"जी, आप बिलकुल ठीक कहते हैं। हिन्दी पढ़ने का यह मतलब थोड़े न है कि हम अपनी तहज़ीब भुला दें।"

यह कहते हुए जमील के होंठ कुछ तिरछे हुए, मगर अगले ही पल ख़ुद को उसने सँभाल लिया।

"बिलकुल ठीक ? आपने ठीक फ़रमाया। यूँ तो इस ज़बान को पढ़ने

से भी क्या फ़ायदा है, मगर हमारा जो बड़ा लड़का है न, आप मिलेंगे उससे–डॉ. सादिक़, प्रिंसिपल है एक पोस्ट ग्रेजुएट कॉलेज में, फ़ीजिक्स में एम.ए. किया है, उसी की ज़िद थी कि शन्नो को हिन्दी की तरफ़ ले जाना है। अब क्या है कि बड़ा बेटा तो साइंस की तरफ़ चला गया, मँझले ने बी. कॉम किया और सी.ए. हो गया। छोटा वाला एल.एल.बी. कर रहा है। एक लड़की ने अंग्रेज़ी में एम.ए. किया। एक ने जुग़राफ़िया में। और शन्नो से जो छोटी है–अपनी कन्नो–उसकी दिलचस्पी उर्दू अदब में है।''

''यानी हर फ़ील्ड में..।''

''बिलकुल ! इस मुल्क के मुसलमानों को अब हर फ़ील्ड में अपनी क़ाबिलीयत दिखानी होगी, वरना ये साले हमें रहने देंगे यहाँ ?''

''ये कौन ?''

''वाह जमील मियाँ, आप इतना भी नहीं जानते ?''

इस जुम्ले के साथ डॉ. सादिक़ ने कमरे में प्रवेश किया। चौड़े पायँचे का सफ़ेद पाजामा, लखनौआ कुर्ता, पाँवों में भूरे रंग की चप्पलें, सिर के बाल उड़े-उड़े-से, मूँछें क़रीने से छँटी हुई...आते ही उन्होंने छत से लटक रहे पंखे की स्पीड तेज़ की, फिर चौकी पर जम गए।

इस बीच इरफ़ान चाय-नमकीन वग़ैरह रख गया।

''जमील मियाँ, आप चाहे कुछ भी कर लें, पर रहेंगे आप म्लेच्छ के म्लेच्छ।''

''मगर मुझे तो म्लेच्छ कोई नहीं कहता !'' जमील थोड़ा सख़्त होकर बोला। इस पर डॉ. सादिक़ मुस्कराए।

''ख़ैर...लीजिए, चाय पीजिए !'' जमील ने प्याला हाथ में ले लिया।

''वैसे जमील साहब, आपने बिलकुल ठीक फ़ैसला किया...''

''क्या ?''

जमील प्याला रखने के लिए इधर-उधर देखने लगा तो डॉ. सादिक़ उठकर भीतर गए और एक छोटी-सी टेबुल उठा लाए। जमील ने प्याला टेबुल पर रख दिया। डॉ. सादिक़ ने अब वह ट्रे भी टेबुल पर रख दी जिसमें नमकीन रखी हुई थी और जो अब तक चौकी पर पड़ी हुई थी।

''यूँ कि हिन्दी पढ़े-लिखे मुसलमानों का होना अब बहुत ज़रूरी हो गया है इस मुल्क में। अब देखिए न, इसी अपने शहर में ले-दे कर मुसलमानों का एक तो स्कूल है–शम्शाद हायर सेकेंडरी स्कूल–और उसमें भी हिन्दी

के उस्ताद हैं कोई मिश्रा जी !''

''मगर दूसरे विद्यालयों में, जहाँ...''

''क्या कहा ? विधया...लया...यानी स्कूल... ?''

''जी, वहाँ उर्दू पढ़ानेवाले भी तो मुसलमान हैं !''

''मगर उर्दू कितने विधयालों में पढ़ाई जाती है, पता है आपको ? चन्द...'' डॉ. सादिक़ ने दाँत चबाए। ''उँगलियों पर गिने जा सकते हैं। और हिन्दी...उसे तो कम्बख़्तों ने कम्पलसरी कर रखा है...हर जगह... !''

''वो रास्टर भासा है न,'' यासमीन के वालिद ने हँसते हुए कहा और जमील की तरफ़ देखा, ''क्यों साहब, यही लफ़्ज़ है न ?''

''जी नहीं, राष्ट्रभाषा।''

''भई, हमसे तो यह ज़बान बोली ही नहीं जाती। क्या-क्या अल्फ़ाज़ हैं ? वो क्या बताया था सादिक़ तुमने ? घोसड़ाँ...ज़बान अगर ज़रा-सी लुकनत खा जाए तो क्या का क्या हो जाए ?''

इतना कहते हुए यासमीन के वालिद उठे और भीतर चले गए।

''नमकीन लो मियाँ।'' डॉ. सादिक़ ने प्लेट जमील की ओर बढ़ाई, मगर उसने शुक्रिया कहकर छोड़ दिया।

''भाई जान, आपको अब्बू बुला रहे हैं।'' इरफ़ान ने दरवाज़े से आवाज़ दी तो डॉ. सादिक़ 'एक मिनट' कहते हुए उठे और भीतर चले गए। इरफ़ान कमरे में आ गया।

''बैठो।'' जमील 'आ बैल मुझे मार' वाले अन्दाज़ में बोला और इन्तज़ार करने लगा कि यह भी ज़रूर कोई भाषण देगा।

मगर इरफ़ान चुपचाप बैठा था। दुबला-पतला, अलीगढ़ शैली का पाजामा और कुर्ता, रंग साँवला मगर चेहरा भोला—कुछ-कुछ लड़कियों जैसा, बाल घुँघराले।

''इरफ़ान !''

''जी !'' इरफ़ान चौंका।

''तुम्हारे वालिद ने तुम्हारे बारे में कुछ नहीं बताया ! तुम किस तरफ़ जा रहे हो ?''

''जी ?''

''मतलब, पढ़-लिखकर क्या करने का इरादा है ?''

''भाई साहब, मैं तो क्रिकेटियर बनना चाहता हूँ !''

"इमरान की तरह या गावस्कर की तरह ?"

"किसी भी तरह का नहीं। चल इरफ़ान, अपना होमवर्क पूरा कर !"

शन्नो—यानी यासमीन सिर पर दुपट्टा ठीक करती हुई आई और जमील ने देखा कि उसकी एक घुड़की ने बेचारे इरफ़ान को मिट्टी का माधो बना दिया। वह चुपचाप उठा और भीतर चला गया। यासमीन एक कुर्सी पर बैठ गई !

"माफ़ करना, मैं नमाज़ पढ़ रही थी।"

"तो इसमें माफ़ी माँगने की क्या बात है ?"

"तुम नाराज़ तो नहीं हो ?"

"क्यों ?"

"दोपहर वाली बात पर, कि मैं तुम्हें साथ नहीं ले आई। डरते-डरते छोटे भइया से बताया तो सभी लोग गुस्सा होने लगे मुझ पर। कहने लगे, बेटी को कॉलेज में भेजा है तो यक़ीन भी है उस पर... !"

"बिलकुल !"

"क्या बिलकुल ?"

"यही कि वे लोग ठीक कहते हैं।"

"सच, मेरे अब्बू, मेरे भइया मुझे बहुत चाहते हैं।"

यासमीन चहकी।

"अच्छा यासमीन, अब मैं चलता हूँ।"

जमील उठने लगा तो यासमीन परेशान-सी हो गई।

"क्यों ? खाना खाकर जाना।"

"नहीं। खाना मैंने बना लिया है। फिर कभी।"

इतना कहते-कहते जमील कमरे के बाहर हो गया।

"मगर अब्बू और बड़े भइया से मिलकर तो जाते।"

यासमीन के ये शब्द उसने सुने, मगर तब तक वह सड़क पर चलने लगा था। और चलते-चलते रुक जाना, या पीछे मुड़ जाना उसे बहुत अजीब लगता था—मूर्खता। पागलपन। या इसी तरह के किसी और भार की तरह।

2

'हाँ, तो जमील मियाँ, आपका क्या एम है ? किधर जाना चाहते हैं आप ? क्यों पढ़ रहे हैं हिन्दी ? हिन्दुओं को चूतिया बनाने के लिए... ?'

पता नहीं कौन अकेले में जमील से इस तरह के सवाल पूछता और आँखें वह बन्द कर लेता। आँखें बन्द करते ही कई-कई दृश्य उभरते। वह नहीं जानता था कि भाषा के भी अपने धर्म होते हैं, या धर्मों की अपनी ख़ास भाषाएँ होती हैं। गाँव की प्राथमिक पाठशाला में वह अन्य बच्चों के साथ हिन्दी पढ़ता था। घर में उसके वालिद उर्दू सिखाते थे। लेकिन छठी कक्षा में पहुँचते ही उसका परिचय एक तीसरी भाषा से हुआ, जिसे लोग संस्कृत कहते थे। संस्कृत को पढ़ना अनिवार्य था। सभी के लिए। सो, सभी बच्चों की तरह जमील भी रूप रटा करता था : अहम् आवाम् वयम् ! गच्छति गच्छतः गच्छन्ति...पठानि पठाव पठाम... ! एक रोज़ जब वह घर में रूप रट रहा था, उसकी माँ चौंकी। यह पठान-पठानी क्या कर रहा है ? कोई ख़ाँ साहब अगर सुन लें तो यही सोचेंगे कि लड़का उनको और उनकी बीवी को गालियाँ दे रहा है। स्कूल में क्या यही सब पढ़ाया जाता है ? जमील ने सफ़ाई दी, 'यह पठान-पठानी नहीं है अम्माँ, पठ् धातु का रूप है—पठानि पठाव पठाम। अम्माँ की समझ में कुछ नहीं आया। लेकिन जमील के वालिद समझ गए शायद। स्कूल जाकर शिक्षकों से उन्होंने कहा, 'मेरा बेटा संस्कीरत नहीं पढ़ेगा।'...'किन्तु यह तो अनिवार्य है, यानी ज़रूरी।' यह जवाब पाकर वे ख़ामोश हो गए।

जमील उस दिन को अक्सर याद करता है और सोचता है कि अब्बा आख़िर क्यों चाहते थे कि वह संस्कृत न पढ़े ?

फिर उसे एक दूसरी घटना की याद आती है। जमील के गाँव में बड़ी-छोटी अनेक जातियों के लोग रहते थे, पर ब्राह्मण कोई नहीं था। इसलिए विशेष अवसरों पर दूसरे गाँव से ब्राह्मण बुलाया जाता था। एक बार यह निश्चय हुआ कि गाँव में 'राम चौबीसा' होगा यानी अखंड रामायण। चौबीस घंटों तक लगातार रामायण अर्थात् रामचरितमानस का सस्वर पाठ किया जाएगा। बीच गाँव में एक छोटा-सा मैदान था। वहीं हरे-हरे पत्तों से मंडप बनाया गया। मंडप के ऊपर भगवे रंग की झंडियाँ लगाई गईं। मंडप के पास ही घास-फूस की एक कुटिया का निर्माण हुआ। ढोलक और झाँझ-मजीरे वाले मंडप के नीचे जम गए। कुटिया में ख़ूब मोटावाला रामचरितमानस लकड़ी के एक स्टैंड पर रखा गया। अगरू-धूप वग़ैरह से वातावरण को सुवासित किया गया। उसके बाद पंडित जी आए। निश्चय ही वे कोई सामान्य ब्राह्मण नहीं थे। वे तो दूर कहीं से विशेष रूप से उस विशेष आयोजन के लिए बुलाए गए थे। घुटनों तक बगुले की तरह सफ़ेद धोती। कुर्ता नहीं। सिर्फ़ जनेऊ। सिर पर ख़ूब मोटी चुटिया। पाँवों में खड़ाऊँ। पंडित जी का गला बहुत सुरीला था। साज़ के साथ मिलकर तो उनकी वाणी साक्षात् सरस्वती हो जाती थी। गाँव में कोई आयोजन हो और जमील वहाँ मौजूद न हो, ऐसा हो ही नहीं सकता था। स्कूल से लौटते ही उसके कानों में बाजे की आवाज़ गूँजी और वह बस्ता फेंककर सीधे मंडप की तरफ़ भागा। साजिन्दे झूम-झूमकर बाजा बजा रहे थे। गाँव की जनता भक्ति भाव में भरी हुई बैठी थी। एक तरफ़ बड़े से कड़ाहे में 'परसाद' का आटा भुन रहा था। जमील कुटिया के द्वार से सट कर खड़ हो गया और तन्मय होकर पंडित जी का पाठ सुनने लगा। लेकिन पंडित जी उस समय शायद कुछ परेशान थे। उनका स्वर सध नहीं रहा था। वे कसमसा रहे थे। कभी-कभी बाहर, मंडप की ओर भी उनके नेत्र उठ जाते थे। तभी, एकदम अचानक, जमील को लगा मानो पंडित जी उसे अपने पास आने का इशारा कर रहे हैं। वह डरता-सहमता हुआ भीतर घुसा। पंडित जी ने बैठने का इशारा किया। जमील बैठ गया। क्षण-भर को पंडित जी रुके। बाजे का शोर तेज़ हो गया।

"पढ़ना जानते हो ?" पंडित जी ने पूछा।

"जी !" जमील ने हुलसकर कहा।

"लो, यहाँ से पढ़ो। आगे क्षेपक है। उसे छोड़कर आगे बढ़ जाना। हम

अभी आए।" इतना कहते हुए वे उठे और जनेऊ को कानों में लपेटते हुए बाहर निकल गए।

जमील पढ़ने लगा। बल्कि कोशिश करके पंडित जी की तरह ही गाने लगा। साजिन्दों ने उसकी लय में ताल मिलाया। वह उत्साहित हुआ। अब वह अविरल पाठ करने लगा।

पंडित जी जल्दी ही आ गए। वे कुटिया के द्वार पर खड़े होकर थोड़ी देर तक बालक का रामायण-पाठ देखते रहे, फिर भीतर आकर पास में बैठ गए। धीरे-से उसकी पीठ थपथपाई। जमील चौंका। वह हटने लगा तो पंडित जी ने संकेत किया कि नहीं, पढ़ते जाओ। जमील पढ़ता रहा। लेकिन क्षेपक तक पहुँचकर अलग हट गया। बाजों का शोर तेज़ हो गया।

"पाठ अच्छा कर लेते हो !" पंडित जी ने प्रशंसा की निगाह से जमील के चेहरे को देखते हुए कहा और पूछा, "क्या नाम है बेटे ?"

"जमील अहमद !"

बस, फिर क्या था ! पंडित जी चुप हो गए। पाठ बन्द हो गया। पंडित जी का चेहरा भट्ठी की तरह दहकने लगा। आँखें लाल रंग की गेंदों की तरह बाहर निकल आईं। होंठ अधकटे मुर्ग़े की तरह फड़फड़ाने लगे...फिर तड़ाक्। जमील की कनपटी पर ऐसा भरपूर झापड़ पड़ा कि उसकी आँखों के सामने अँधेरा छा गया। नेकर पेशाब से भीग गया।

मंडप के बाजे बन्द हो गए। सर्वत्र एक भयंकर चुप। ईश्वर ने सृष्टि का संचालन स्थगित कर दिया। आगे क्या हुआ, पंडित जी ने क्या-क्या कहा, वह किस तरह वहाँ से चलकर घर तक पहुँचा—जमील को कुछ भी याद नहीं। बस, इतना याद था कि वालिद साहब उसकी पीठ पर जूते बरसा रहे थे और चीख़ रहे थे : 'गया था काफ़िरों की किताब पढ़ने... !'

जमील ने बहुत सोचा, बहुत सोचा, मगर उसकी समझ में यह नहीं आया कि वह संस्कृत क्यों न पढ़े ? वह रामचरितमानस को छू क्यों नहीं सकता ? गाँव में छूत-छात के व्यवहार उसने बहुत देखे थे। ऊँची ज़ात के लोग छोटी जातियों का छुआ नहीं खाते थे। पानी भी नहीं पीते थे। वे लोग मुसलमानों का छुआ भी नहीं खाते-पीते थे। अछूत और मुसलमान उनकी दृष्टि में एक जैसे थे। मगर भाषा ? पुस्तक ? इन सबका छुआछूत से क्या रिश्ता है ?

बी.ए. में तीन विषय लेने पड़ते थे। इंटरमीडिएट की परीक्षा में जमील को हिन्दी और संस्कृत में सर्वाधिक अंक मिले थे। सो बी.ए. में भी उसने यही विषय लिए।...मगर इंटरमीडिएट तक हाज़िरी का सिर्फ़ एक ही रजिस्टर होता था। बी.ए. में हर विषय के अलग-अलग रजिस्टर थे, जिनमें छात्रों-छात्राओं के नाम सम्बन्धित विषय के प्रोफ़ेसर (हालाँकि वे लेक्चरर होते थे) लिखा करते थे। हिन्दी के प्रोफ़ेसर थे डॉ. पांडे और संस्कृत के डॉ. उपाध्याय। पांडे जी ने तो जमील का नाम लिख लिया, पर उपाध्याय जी ने इनकार कर दिया।

"क्यों सर ?" जमील ने निहायत अदब के साथ प्रश्न किया तो डॉ. उपाध्याय ने अपनी आँखें बाहर निकालकर ठीक उसके चेहरे में खोंस दीं।

"तुम कोई अन्य विषय ले लो।"

"क्यों सर ?"

"संस्कृत तुम नहीं पढ़ सकोगे।"

"क्यों सर ?"

"आज तक इस कॉलेज में किसी मोहम्मडन ने संस्कृत नहीं पढ़ी।"

"मगर मैं तो पढ़ना चाहता हूँ सर।"

"मैंने कहा न, तुम कोई अन्य विषय ले लो।"

"मगर क्यों सर ?"

"मैं तर्क करना नहीं चाहता।"

"क्यों सर ? एक सीमा तक तो तर्क हो ही सकता है। इतना तो मैं भी जानता हूँ कि न एषा तर्केण मतिरापनेया..."

"क्या ?" उपाध्याय जी खड़े हो गए। पूरी कक्षा जमील को इस तरह देख रही थी मानो वह रस्सी पर करतब दिखाने वाला नट हो।

"क्या देख रहे हो ? पुस्तक खोलो।"

थोड़ी देर तक चुप रहने के बाद उपाध्याय जी गरजे और बैठकर अभिज्ञान शाकुंतलम् पढ़ाने लगे। कक्षा के बाद जमील का नाम उन्होंने दर्ज कर लिया।

उपाध्याय जी क्यों चाहते थे कि जमील संस्कृत न पढ़े ? फिर उपाध्याय जी ने क्यों चाह लिया कि वह संस्कृत पढ़े ? इन प्रश्नों का उत्तर भी जमील को कभी नहीं मिला। लेकिन हर प्रश्न का उत्तर मिलना क्या ज़रूरी है ?

जमील के पास उत्तर नहीं थे। सिर्फ़ प्रश्न थे उसके पास। अब कुछ नए प्रश्न और हाज़िर हो गए थे। यासमीन क्यों पढ़ रही है हिन्दी ? क्या वह सचमुच हिन्दी पढ़ना चाहती है ? क्या उसे हिन्दी से वाक़ई बहुत प्यार है ?

"क्या सोच रहे हो ?"

जमील चौंका। वह हिन्दी विभाग से बाहर, बाईं ओर के उजड़े पड़े लॉन में एक झाड़ी की छाया में बैठा हुआ था। यासमीन वहाँ पहुँच जाएगी, उसने सोचा भी नहीं था।

"कुछ नहीं, बस यूँ ही," कहते हुए वह खड़ा हो गया।

"कुछ तो ?" यासमीन जारी रही।

"सोच रहा था, कैंटीन में चलकर चाय पी जाए।"

"क्या ?" यासमीन तड़प उठी। जमील घबरा गया। ऐसा क्या कह दिया उसने ?

"चाय पीना क्या कोई बुरी बात है ?" जमील के शब्दों में चिढ़ थी।

"जी नहीं, बहुत अच्छी बात है। रमज़ान के महीने में खाने-पीने की पाबन्दी हिन्दुओं के लिए थोड़े न है ! बल्कि वे लोग तो अपने व्रत-उपवास में भी खाना-पीना नहीं छोड़ते। क्या कहते हैं उसे ? फलाहार !" यासमीन हँसी।

"ओह, मैं भूल गया था..." जमील ने आँखें झुका लीं। यासमीन को बल मिला। जारी रही।

"क्यों नहीं ! कल को यह भी भूल जाओगे कि तुम मुसलमान हो।"

"नहीं, यह तो मैं चाहकर भी नहीं भूल सकूँगा। लोग भूलने ही न देंगे।" जमील ने मुस्कराते हुए कहा और चल दिया। पीछे-पीछे यासमीन।

"आज घर पर ही अफ़्तार करना।" सड़क पर आकर यासमीन बोली तो जमील खड़ा हो गया।

"लेकिन मैं तो रोज़े से हूँ नहीं।"

"तो क्या हुआ ? रोज़ेदारों के साथ बैठकर अफ़्तार कर लेना। थोड़ा-बहुत सवाब मिल ही जाएगा।"

इतना कहकर यासमीन चली गई। जमील वहीं खड़ा रहा।

सवाब ? सवाब और पुण्य में क्या अन्तर है ? यह एक और प्रश्न था, जो उसके सामने केले के छिलके की तरह पड़ा था।

ईद आई, चली गई। परीक्षाएँ आईं, चली गईं। लेकिन बारिश आई और नहीं गई। दिन-रात पानी। बादलों की उमड़-घुमड़। क़ब्रिस्तान में बूँदों का नृत्य। गली में नदी। कमरे की लाइट नदारद। जमील कुर्सी पर बैठा गीत बना रहा था—*बहे रे पवन झकझोर*...कि नसीम साहब आ गए। नसीम अहमद 'नसीम' ! एक टूटा-सा छाता लिये, पाँव में प्लास्टिक की सस्ती वाली चप्पलें डाले। भीतर आकर उन्होंने छाता मोड़ा और उसे दरवाज़े पर दीवार से टिका दिया। उसकी तीलियों से पानी टपकने लगा और फ़र्श पर फैलने लगा। नसीम चारपाई पर जम गया।

"यार, तुम अपना नाम बदल लो।" नसीम ने बग़ैर क्षण-भर भी गँवाए यह प्रस्ताव इस तरह रखा, मानो वह यही कहने के लिए बारिश में भीगता हुआ वहाँ पहुँचा हो। जमील ने क़लम-काग़ज़ खिसका दिए।

"क्यों ?"

"इसलिए कि हिन्दी अदब के लिए यह नाम फ़िट नहीं है।"

"क्यों ?"

"उस पर तुम बाद में सोचना। अभी तो मैं तुम्हें नाम बता रहा हूँ। बहुत सोचने के बाद दिमाग़ में आया है। तुम अपना क़लमी नाम रखो—जमील जान्हवी।"

"जान्हवी नहीं, जाह्नवी। लेकिन यह शब्द तुम्हें मिला कहाँ से ?"

नसीम मुस्कराया। बोला, "मेरे दोस्त की बहिन का नाम है। मुझे अच्छा लगता है।"

नसीम बी.ए. तक पढ़ने के बाद नौकरी में चला गया था। शहर के एक सरकारी कार्यालय में वह एल.डी.सी.—यानी लोअर डिवीज़नल क्लर्क था। शायरी करता था और इश्क़ करने की कोशिश कर रहा था। मगर क़द- काठी कुछ ऐसी थी कि सिवा बीवी के शायद ही कोई उससे इश्क़ करता।

जमील गम्भीर हो गया।

"नाम तुम्हें ठीक नहीं लगा ?"

जमील चौंका।

"नहीं, ऐसी बात नहीं है। नाम बहुत सुन्दर है। क्या वह भी जाह्नवी की तरह ही सुन्दर है ?"

"क्या मतलब ?" अब नसीम चौंका।

"मतलब यह कि तुम्हारे दोस्त की बहिन क्या जाह्नवी की तरह सुन्दर है ?"

“जाह्नवी के माने क्या होते हैं ?”

“जब तुम्हें माने ही नहीं मालूम तो मेरा नाम बदलने पर क्यों तुले हो ?”

नसीम चुप हो गया।

“एक गीत सुनाऊँ ?” जमील ने मुस्कराते हुए पूछा।

मगर नसीम चुप रहा।

“क्या हुआ ?” जमील ने कोंचा।

“यार, ये बताओ, तुम उर्दू में क्यों नहीं लिखते ?” नसीम अब उसके ठीक सामने खड़ा था।

“क्यों ? हिन्दी में लिखना क्या जुर्म है ?”

“नहीं। सुनो...देखो, बीच में मत बोलना, पहले मेरी पूरी बात सुन लेना... ।” यह कहते हुए नसीम बहुत गम्भीर हो गया। ‘सुनो, तुम गीत क्यों लिखते हो ? मैं ग़ज़लें क्यों लिखता हूँ ? इसीलिए न कि साहित्य और अदब में हमारा नाम हो। हम भी तवारीख़ में दर्ज हों और स्कूल-कॉलेज के स्टूडेंट हमारी चीज़ें भी पढ़ें...

“बस, बस... !” जमील का धैर्य टूट गया।

“देखो, मुझे पहले कह लेने दो।” नसीम ने उसे रोका। “ऊपर से हम अदीब लोग कुछ भी कहें, अन्दर की तमन्ना यही होती है। माफ़ करना। तो, क्या तुम सोचते हो कि जयशंकर परशाद की कविताओं के साथ तुम्हारी कविताएँ भी कोर्स में रखी जाएँगी ?”

“क्यों ? क्या लोग मलिक मुहम्मद जायसी को भूल गए हैं ?”

जमील भी उठ खड़ा हुआ।

“मगर जमील मियाँ, यह क्यों भूलते हो कि जायसी साहब सूफ़ी थे...”

“और मैं ?”

“तुम हो मुसलमान। आज़ाद हिन्दुस्तान के यानी पाकिस्तानी एजेंट, समझे ?”

जमील कुर्सी पर बैठ गया। नसीम चारपाई पर जम गया। बारिश अचानक बहुत तेज़ हो गई थी। कमरे में अँधेरा घना हो गया था। जमील के सामने कुछ और प्रश्न हाज़िर थे। नसीम जो कुछ कह रहा है, क्या यह सत्य है ? क्या उसे उर्दू में लिखना चाहिए ? क्या उसे अपने नाम के साथ ‘जाह्नवी’ लगा लेना चाहिए ?

“देखो नसीम,” जमील ने लगभग गुस्से के साथ कहना शुरू किया। “न

तो मैं अपना नाम बदलूँगा और न ही भाषा।'' फिर थोड़ी नरमी के साथ पूछा, ''गीत सुनाऊँ ?''

''छोड़ो यार ! मौसम ग़ज़ल का है और तुम गीत-गीत चिल्लाए जा रहे हो !'' नसीम ने बड़ी हिक़ारत के साथ कहा और उठकर चला गया। जमील ने देखा, उसके छाते से टपकी हुई बूँदों ने दरवाज़े के पास अच्छा-ख़ासा कीचड़ कर दिया था।

अगले दिन बारिश कुछ थमी। जमील सीधे यासमीन के घर गया। संयोग से यासमीन के अलावा दूसरा कोई नहीं आया बैठक में। जमील ने राहत की साँस ली।

''तुम हेड साहब से मिले ?'' यासमीन ने चाय का प्याला उसकी तरफ़ बढ़ाते हुए पूछा।

''क्यों ?''

''अरे, क्या तुम्हें नहीं मालूम कि 'हिन्दी साहित्य का इतिहास' वाला पेपर उन्हीं का था ?''

''नहीं, मगर... ?''

''बीना ने मुझे बताया था। उसने तो यह भी बताया था कि 'भाषा-विज्ञान' का पेपर प्रोफ़ेसर त्रिपाठी का था और 'काव्यशास्त्र' का डॉ. गुप्ता का। मगर काव्यशास्त्र वाली बात झूठ निकली।''

जमील चुप रहा।

''ये लोग अपने-अपने चहेतों को ज़्यादा नम्बर देते हैं, समझे ! प्रोफ़ेसर त्रिपाठी की बेटी प्रीवियस में पाँचवें नम्बर पर थी, मगर अब वह टॉप करने वाली है, सुना ?''

''तो मैं क्या करूँ ?'' जमील चिढ़ गया।

''अगर हम लोगों की डिवीज़न बिगड़ गई तो कौन पूछेगा ?''

''मैं अब चलूँगा।''

जमील ने प्याला कुर्सी के बगल में ज़मीन पर रखा और खड़ा हो गया।

''क्या हुआ ?''

यासमीन भी खड़ी हो गई।

''कुछ नहीं। लगता है, बारिश फिर शुरू होने वाली है।''

इतना कहकर जमील बाहर निकल गया। और अभी वह दस क़दम भी न चला होगा कि बूँदें पड़ने लगीं। जमील एक पेड़ के नीचे खड़ा हो गया।

3

साफ़-चिकनी सड़क के किनारे-किनारे मोरपंखी की हरी-हरी पंक्तियाँ नदी के दोनों तटों पर तैरते शैवालों की तरह शोभायमान थीं। जमील उसी सड़क पर चलकर उस बँगले तक पहुँचा था, जिसके बाहर एक अत्यंत कलात्मक पट्टी पर सुनहरे वर्णों में लिखा था—प्रो. रामकुमार चतुर्वेदी, अध्यक्ष, हिन्दी विभाग। बाहर ख़ूब बड़ा-सा लॉन फैला था, जिसमें वे सभी झाड़-झंखाड़ मौजूद थे जो आम तौर पर इस तरह के बँगलों के लॉनों में होते हैं। जमील जब बरामदे की सीढ़ियाँ चढ़ने लगा तो उसके कंधों को बड़े प्यार से बोगनबेलिया की एक पत्ती ने छुआ, डहेलिया की एक पँखुड़ी ने दूर से चुमकारा। जमील ने घंटी का स्विच दबाया। बँगले में लगे स्विचों की एक खास ख़ूबी यह थी कि उन पर नन्हे-नन्हे बल्ब और फ़ैन बने हुए थे। एक पर घंटी भी, वरना जमील तो अनजाने में न जाने कितना बड़ा अपराध कर डालता ? अगर वह किवाड़ों पर हथेलियाँ थपथपाने लगता तो...

द्वारा खुला।

"आइए, बैठिए।" नौकर ने बहुत सम्मान के साथ उसे भीतर बुलाया। वह ड्राइंग रूम में घुसकर खड़ा हो गया और अपने जूतों को देखने लगा, जिन पर कई ग्राम मिट्टी जमा थी।

नौकर चला गया था। मगर जमील बैठा नहीं था। कहाँ बैठे ? सोफ़े पर ? या बगल में रखी कुर्सी पर ? या फिर कोने में बिछी चौकी पर ? वह समझ नहीं पा रहा था। हेड साहब के बँगले में वह पहली बार आया था; जानता नहीं था कि यहाँ आनेवाले शिष्यों का स्थान कहाँ है।

सफ़ेद झक् धोती, मक्खनी कुर्ता और गहरे भूरे रंग की चप्पलें पहने हेड

साहब निकले।

"प्रणाम सर।" जितना संभव था, झुकते हुए जमील ने कहा।

चतुर्वेदी जी की चप्पलों में से झाँक रहे क़रीने से कटे हुए नाख़ूनों वाले गौरवर्णी चरणों को देखकर इच्छा तो हुई कि चरण छू ले, पर साहस नहीं हुआ।

"बैठो।" प्रो. चतुर्वेदी बड़े वाले सोफ़े पर जम गए।

जमील खड़ा रहा।

"बैठ जाओ, खड़े क्यों हो ?"

इस बार प्रो. चतुर्वेदी ने सोफ़े वाली एक कुर्सी की तरफ़ संकेत किया तो जमील बैठ गया। मगर उसकी दशा कुछ वैसी ही हो रही थी, जैसे आलुओं के बोरे में किसी टमाटर की हो सकती है...।

"तो, निश्चित हो गया विषय ?" प्रो. चतुर्वेदी ने बग़ल की तिपाई से 'धर्मयुग' उठा लिया था और उसके पन्ने पलटते हुए बोल रहे थे।

"किसके साथ कर रहे हो ? श्रीवास्तव जी के साथ ?"

"जी ! उग्र जी के साहित्य पर कुछ करने के सम्बन्ध में सोच रहा हूँ।"

"हूँ।" प्रो. चतुर्वेदी के नासिका-छिद्रों से यह ध्वनि निष्कासित हुई और ठीक उसी समय नौकर काँच के एक लघुकाय पात्र में हरितवर्णी पेय लेकर आया और जमील के हाथ में थमाकर वापस चला गया।

"सर, मैं कुछ निवेदन करने के लिए आया था।" जमील ने विषयांतर करने की कोशिश की। मगर हेड साहब चुप रहे। जमील के हाथ का गिलास हिलने लगा।

"सर, राष्ट्रीय समानता महाविद्यालय में हिन्दी व्याख्याता हेतु कल इंटरव्यू है। मैंने भी आवेदन किया है। यदि आपके आशीर्वाद की कुछ आशा हो तो..."

प्रो. चतुर्वेदी जी ने 'धर्मयुग' बन्द किया और उसे तिपाई पर रख दिया।

"पियो। गर्मी बहुत है।"

जमील को लगा, यह शुरू का आदेश है और वह एक साँस में शरबत पी गया।

"देखो जमील, तुम एक होनहार विद्यार्थी हो।" हेड साहब ने अत्यंत स्नेह के साथ कहना शुरू किया, "तुम रचनाकार भी हो। तुम्हें भला कौन निरस्त कर सकता है ? तुम समाचार-पत्र देखते रहो। कभी शिब्ली कॉलेज

आज़मगढ़, हलीम कॉलेज कानपुर या फिर अलीगढ़ मुस्लिम यूनिवर्सिटी में जगह निकले तो अवश्य आवेदन करना। उस समय मैं जितनी सहायता कर सकूँगा, करूँगा।''

''ठीक है, सर।''

जमील उठ गया। उसके बाहर निकलते ही प्रोफ़ेसर साहब ने भड़ाक् से किवाड़ बन्द किए और सिटकिनी चढ़ा ली।

बँगले की छत पर अबाबीलें मँडरा रही थीं। नौकर सूखे हुए कपड़े उठा रहा था। अचानक उसने देखा कि गेट पर कुछ रिक्शे रुके हैं और कुछ लोग उतरकर नीचे खड़े हैं। उसने जल्दी-जल्दी कपड़े उठाए और सीढ़ियों की तरफ़ भागा।

बाहर रात गहराने लगी थी। खिड़कियों में जालियाँ लगी थीं, मगर मच्छर भीतर आ गए थे। उनकी भनभनाहट से कमरा गूँज रहा था। नौकर सेंटर टेबुल पर गिलास सजा गया था। हेड साहब की बिटिया कटे हुए प्याज़, खीरे, गाजर और सेब रख गई थी। प्रो. चतुर्वेदी ने बोतल का कार्क खोला और पैग बनाकर पानी मिलाने लगे।

''कौन-सी है ?'' उनके बगल में बैठे सज्जन बोतल उठाकर ट्रेड मार्क देखने लगे।

''बैग पाइपर। यह तो हमारा ब्रांड है,'' कहते हुए बोतल उन्होंने टेबुल पर रख दी।

''आज की शाम।'' प्रो. चतुर्वेदी ने अपना गिलास उठाते हुए कहा।

''राष्ट्रीय समानता महाविद्यालय के नाम।'' सामने बैठे दूसरे सज्जन ने वाक्य पूरा किया और पूरे कमरे में मस्ती छा गई।

प्रो. चतुर्वेदी के साथ ये जो सज्जन थे, ये भी प्रोफ़ेसर थे। इनमें से एक दक्षिण भारतीय थे और एक बिहार के। दक्षिण भारतीय प्रोफ़ेसर ने पैंट-शर्ट पहन रखा था और बिहार वाले ने अलीगढ़ स्टाइल का पाजामा-कुर्ता। उनके चेहरों को देखकर ही यह पता चल रहा था कि उन्होंने अब तक कितने महाविद्यालयों और विश्वविद्यालयों में कितने व्याख्याता नियुक्त किए होंगे, कितने व्याख्याताओं को रीडर और कितने रीडरों को प्रोफ़ेसर बनाया होगा। उनसे अलग-थलग जो एक जूनियर-से अध्यापक बैठे थे—डॉ. शुक्ला—उनकी

नियुक्ति में भी उनमें से एक की महत्त्वपूर्ण भूमिका रही थी।

"अरे डॉक्साब, कलकत्ता से कोई निमंत्रण-पत्र आया आपके पास ?"

बातचीत शुरू हुई।

"नहीं तो ! कैसा निमंत्रण ?"

"वहाँ श्यामसुन्दर दास पर सेमिनार हो रहा है न !"

"ओह, कैसा कलजुग आ गया है ! उस सक्सेना को मैंने ही वहाँ प्रोफ़ेसर बनाया और देखिए, मुझे कोई सूचना तक नहीं।"

बीच में डॉ. शुक्ला उठकर भीतर गए और नमकीन की प्लेट ले आए। नौकर पकौड़ियाँ ले आया।

"शुक्ला जी, लगता है, इतने में होगा नहीं।" हेड साहब ने जेब में हाथ डालते हुए कहा।

"जाकर एक और ले आइए तो। बैग पाइपर ही लाइएगा। न मिले तो डिप्लोमेट ले लीजिएगा !"

"जी...रहने दीजिए, पैसे हैं मेरे पास।"

डॉ. शुक्ला ने अपना गिलास खिड़की पर रखा और बाहर निकल गए।

"शुक्ला तो भक्त है आपका !"

दक्षिण भारतीय ने पकौड़ी उठाते हुए कहा। बिहार वाले प्रोफ़ेसर मुस्कराए।

"क्या बात है भई ?"

"अच्छा, जल्दी से समाप्त कीजिए !" हेड साहब ने विषयांतर करते हुए कहा, "दूसरा पैग बनाएँ।"

दक्षिण भारतीय ने गिलास उठाया और गटागट पी गए। प्रो. चतुर्वेदी ने घूरकर बिहार वाले प्रोफ़ेसर को देखा ! उन्होंने तत्काल अपने होंठों की मुस्कान ग़ायब कर दी।

दरअस्ल बिहार वाले प्रोफ़ेसर को डॉ. शुक्ला का रहस्य पता था, कि वे प्रो. चतुर्वेदी की भूतपूर्व प्रेमिका के भाई हैं। इनकी बहिन को प्रोफ़ेसर साहब गाँव से भगा लाए थे। मामला थाने तक गया, मगर कुछ दे-दिलाकर सब ठीक हो गया। तब यह बालक छोटा था। अब, जबकि प्रो. चतुर्वेदी किसी लायक़ हुए तो इसे लेक्चरर बनाकर धन्य कर दिया। मगर इसे भी सारा रहस्य पता है। इसलिए यह कुछ-कुछ मुँहलगा भी हो गया है।

डॉ. शुक्ला आ गए थे। अब तक बोतल ख़तम भी हो चली थी। नई

बोतल को देखते ही बचे हुए पेय को अत्यन्त शीघ्रता के साथ समाप्त किया गया। डॉ. शुक्ला ने दूसरी बोतल भी खोल दी।

"हाँ, तो डॉक्साब," दक्षिण भारतीय प्रोफ़ेसर ने लड़खड़ाती ज़बान से बोलना शुरू किया।

"यहाँ क्या होना है ?"

"अरे होना क्या है !" बिहार वाले ने आँखें मुलमुलाते हुए कहा, "जो डाक्साब चाहेंगे, वही होगा।"

"फिर भी...क्या चाहते हैं, यह भी तो ज्ञात हो !"

"बोलिए डाक्साब।"

हेड साहब गम्भीर हो गए। आँखें मूँद लीं, मानो ध्यानावस्था में चले गए हों। डॉ. शुक्ला उठे और भीतर चले गए। क्षण-भर बाद प्रो. चतुर्वेदी ने हौले-हौले पलकें उठाईं। दोनों एक्सपर्ट जिज्ञासु नेत्रों से उनकी ओर देखने लगे।

"दो पोस्ट हैं।" इतना कहकर प्रो. चतुर्वेदी ने एक हलकी-सी चुस्की ली, फिर खीरे का एक टुकड़ा उठाकर चबाया। "एक लड़का है—डॉ. अनन्त कुमार मिश्र। बड़ा ही प्रतिभाशाली है।"

"जी, और दूसरा ?" दक्षिण भारतीय प्रोफ़ेसर ने अपनी गर्दन को झटका और जिज्ञासा का एक और गवाक्ष खोल दिया।

"दूसरी पोस्ट तो अस्थायी है।"

"उसके लिए जमील कैसा रहेगा सर ?" तीनों प्रोफ़ेसर चौंके। यह प्रस्ताव डॉ. शुक्ला का था। प्रो. चतुर्वेदी की आँखें उसके चेहरे पर टिक गईं। मगर वह विचलित नहीं हुआ। आगे बोला, "जमील भी प्रतिभाशाली छात्र है सर ! फिर हिन्दी उसने शौक के लिए नहीं पढ़ी है। हिन्दी में उसकी आत्मा है..."

"शुक्ला जी," प्रो. चतुर्वेदी ने उसे बीच में ही टोक दिया। "ज़रा देखिए, भोजन में अभी कितना विलम्ब है ?"

डॉ. शुक्ला फिर भीतर चले गए।

"बच्चा है..." प्रो. चतुर्वेदी ने पल-भर बाद कहा, "फिर उसे यह भी पता है कि मैं पूरे विश्वविद्यालय क्या, पूरे नगर में साम्प्रदायिक सद्भाव का एक उदाहरण हूँ। मेरी दृष्टि में हिन्दू-मुसलमान, ब्राह्मण, शूद्र में कोई भेद नहीं—बशर्ते वह हिन्दी का सेवक हो। कदाचित् यही समझकर उसने यह प्रस्ताव रखा हो !" इतना बोलकर उन्होंने अपना गिलास ख़ाली कर दिया।

"आप जानते हैं डॉक्साब..." हेड साहब यानी प्रो. चतुर्वेदी ने रुआँसे स्वर में बोलते हुए बिहार के प्रोफ़ेसर की ओर देखा। "आप जानते हैं कि मैं इस बालक को—यानी डॉ. शुक्ला को कितना चाहता हूँ। अब इसकी इच्छा ही है तो मुसलमान को ही रख लेते हैं।"

"जमील क्या आपके साथ ही पी-एच.डी. कर रहा है ?" दक्षिण भारतीय प्रो. ने अपनी जिज्ञासा का तीसरा गवाक्ष खोला।

मगर प्रो. चतुर्वेदी भड़क गए।

"अरे गोली मारिए डॉक्साब जमील को। मैं जो कह रहा हूँ, सुनिए। और हाँ, आपके यहाँ सेलेक्शन कमेटी कब हो रही है...नवम्बर में न ?" हेड साहब ने प्रकारान्तर से यह जताया कि 'उसका' ध्यान रखकर सुनिए, "एक मुसलमान लड़की है। मैं उसे काम कराने जा रहा हूँ : 'हिन्दी के मुसलमान कवियों पर हिन्दू आस्थाओं का प्रभाव' विषय पर..."

"बस, बस...समझ गए," दक्षिण भारतीय प्रोफ़ेसर बोले। फिर आगे उन्होंने जोड़ा, "कन्या सुन्दरी तो है न ?" और हँस पड़े।

साथ ही अन्य दोनों प्रोफ़ेसर भी हँस पड़े।

"मियाँइनें वैसे भी सुन्दर होती हैं, क्यों डॉक्साब ?" बिहार वाले प्रोफ़ेसर ने अपने होंठ चाटते हुए कहा तो प्रो. चतुर्वेदी की आँखें तिरछी हो गईं। बोले, "विशेष कर जब वे बुरक़े के भीतर से झाँकती हैं !"

"अच्छा, डॉक्साब..." बिहार वाले प्रोफ़ेसर ने इधर उधर देखते हुए ज़रा धीमी आवाज़ में कहा, "कृपया अन्यथा न लें...क्या नाम बताया उसका... यासमीन...आपने स्वाद लिया है उसका... ?"

"खाना लग गया है साब !"

नौकर ने दूर से ही आवाज़ दी, इस पर तीनों प्रोफ़ेसर एकबारगी चौंक उठे। प्रोफ़ेसर चतुर्वेदी थोड़ी देर बाद सामान्य हुए। मगर खाने की टेबुल तक जाते हुए सबसे ज़्यादा वही लड़खड़ा रहे थे।

"शुक्ला जी... !"

प्लेट में मटर-पनीर की तरकारी निकालते हुए हेड साहब ने अपने भक्त को पुकारा तो भीतर से उनकी पत्नी की आवाज़ आई, "वे तो चले गए !"

4

जमील ने शहर छोड़ दिया। वह दूसरे शहर में जाकर रहने लगा। शहर सब क़रीब-क़रीब एक जैसे होते हैं—जैसे गाँव—इसलिए नाम से कोई फ़र्क़ नहीं पड़ता। उस शहर में भी अन्य शहरों की तरह एक रेलवे स्टेशन था, एक बस अड्डा था, एक मुस्लिम मुसाफ़िरख़ाना और एक धर्मशाला, तीन सिनेमाहॉल, एक मुहल्ला वेश्याओं का, एक सब्ज़ी मंडी, एक केन्द्रीय बाज़ार—महँगा—कुछ रिहाइशी इलाक़े, कुछ पार्क...आदि। एक पार्क रेलवे स्टेशन के ठीक सामने था। जमील वहीं सोया करता था। दिन-भर वह काम ढूँढ़ता और रात में वहीं पड़ रहता। जेब में जो पैसे थे, उनसे किसी न किसी तरह पेट भर ही जाता था। मुस्लिम होटल में बड़े का गोश्त सस्ता मिलता था। डेढ़ रुपए में हाफ़ प्लेट। चाहे इस्टू खाओ, चाहे बट-कलेजी और चाहे भेजा। चार आने में तन्दूरी रोटी।

उस शहर से एक छोटा-सा अख़बार भी निकलता था—भाग्य विधाता। उसके दफ़्तर के बाहर एक बड़ा-सा लेटर-बॉक्स लगा था, जिसमें लोग अपने मुहल्लों की ख़बरें ले जाकर डाल आते थे। जमील उसमें अपनी कविताएँ डालता था। उसे मालूम था कि अख़बारों में इस तरह की चीज़ें रविवार को छपती हैं, इसलिए रविवार को होटल में बैठकर वह देर तक अख़बार देखता रहता था।

फिर एक दिन क्या हुआ कि 'भाग्य विधाता' में उसकी कविता छप गई। जमील शुक्रिया अदा करने के लिए अख़बार के दफ़्तर पहुँच गया। वहाँ गेटकीपर और चपरासी वग़ैरह का सामना करते हुए जब वह सम्पादकीय विभाग में पहुँचा तो एक सुदर्शन-से युवक ने उसका स्वागत किया।

"आइए, बैठिए, मुझे इक़बाल बहादुर राय कहते हैं।"

युवक ने अपना परिचय दिया और जमील को बैठने के लिए कहकर स्वयं भीतरी कक्ष में प्रवेश कर गया। जमील बैठ गया।

लगभग दस मिनट बाद युवक बाहर निकला और जमील से एक काग़ज़ पर हस्ताक्षर करा कर उसे दस रुपए का एक नोट थमा दिया। "यह आपकी कविता का पारिश्रमिक है।" युवक ने मुस्कराते हुए कहा तो जमील की आँखों में आँसू आ गए।

"उठिए। बाहर चलकर कहीं चाय पीते हैं।"

युवक ने जमील के कंधे पर हाथ रखते हुए कहा और दोनों बाहर निकल गए।

दस क़दम चलने पर ही पटरी पर एक टी-स्टाल था। ऊपर तिरपाल का छाजन और नीचे कोयले वाली एक सिगड़ी। कुछ बर्तन। बैठने के लिए नीले पेंट से पुती दो बेंचें। दोनों एक बेंच पर बैठ गए।

"आप रहते कहाँ हैं ?"

युवक ने चाय का ऑर्डर देते हुए कहा तो जमील चौंका।

"कहीं भी। आजकल तो रेलवे स्टेशन के सामने रहता हूँ। पार्क में।"

"क्या मतलब ?"

"जी, मैं यहाँ हाल ही में आया हूँ और अभी तक... ।"

"समझा !" युवक ने चाय की प्याली पकड़ते हुए कहा। दूसरी प्याली जमील ने ले ली।

"तो आप ऐसा कीजिए न," युवक ने दुबारा बोलना शुरू किया, "आप मेरे साथ रहिए ! मैं यहाँ अकेला ही रहता हूँ। कमरा तो बड़ा नहीं है, मगर किसी न किसी तरह काम चल जाएगा।"

जमील चुप रहा। चाय ख़त्म हुई तो पैसे चुकाकर दोनों फिर दफ़्तर में आ गए।

'रह रह के, रह रह के अनुबन्ध टूटे...'

जमील का यह नया गीत था। इक़बाल बहादुर राय ने गीत सुना; दाद नहीं दी। वह खिड़की से बाहर की दुनिया को देखता रहा, जैसे गीत के शब्द भीतर हों और अर्थ बाहर !

"गीत अच्छा नहीं है न ?"

जमील ने टोका तो उसकी तंद्रा भंग हुई।

"नहीं, यह बात नहीं है।"

"फिर ?"

"जमील, मैं तुमसे एक बात कहना चाहता हूँ।"

जमील घबराया। अभी एक महीना भी नहीं हुआ था उन्हें साथ रहते। कहीं ऐसा तो नहीं कि यह युवा पत्रकार उससे ऊब गया हो ! जमील भीतर ही भीतर थरथराने लगा।

"कहो !" उसने डरते-डरते ही कहा।

"जानते हो, तुम्हें मैं क्यों चाहता हूँ ?"

जमील आसमान से गिरा। "क्यों ?"

"क्योंकि मैं भी मुसलमान हूँ। मेरा असली नाम है इक़बाल अहमद।"

"मगर..." जमील हकलाने लगा।

"मगर मैं इक़बाल बहादुर राय नाम से 'भाग्य विधाता' में काम करता हूँ, क्योंकि और कोई चारा नहीं है।"

"क्यों ?" जमील खड़ा हो गया।

"क्योंकि ये साले..."

"मतलब हिन्दू, क्यों ?" जमील ने बीच में ही टोक दिया।

"हाँ... !"

"देखो इक़बाल," जमील ने आगे उसे बोलने नहीं दिया, "तुम पत्रकार हो, तुम्हें हिन्दू-मुसलमान के खाँचे में बँधकर बात नहीं करनी चाहिए।"

"जी, आप बिलकुल ठीक फ़रमाते हैं।" इक़बाल का मुँह टेढ़ा हो गया। "आप बड़े प्रगतिशील बनते हैं न, इसीलिए। हालाँकि आपने ही मुझे बताया है कि आपके हेड ने आपको अलीगढ़ मुस्लिम यूनिवर्सिटी या शिब्ली कॉलेज में जाने की नेक सलाह दी है !"

"लेकिन उन्होंने यासमीन नाम की एक मुसलमान लड़की को नौकरी भी दी है। हो सकता है, मेरी योग्यता उतनी न हो !" जमील ने सिर उठाकर कहा।

"देखिए जमील साहब, आप हैं कवि और हम हैं साधारण इनसान। मगर इतना याद रखिए कि हम लोगों का दर्द एक है। इसलिए इस बात को यहीं दफ़्न करते हैं। मैं इक़बाल बहादुर राय हूँ और आप जमील

अहमद—बस। असल बात यह कि हम लोग दोस्त हैं। हमारे विचार भिन्न हो सकते हैं, हुआ करें। अब चलिए, कहीं चलकर कुछ खाएँ-पिएँ और सन-डे का लुत्फ़ उठाएँ। कल तो मुझे फिर 'भाग्य विधाता' के हल में जुतना है।''

इतना कहकर इक़बाल कपड़े बदलने लगा। जमील ने भी अपनी लुंगी उतारी और पैंट पहनने लगा।

''क्यों, क्या हुआ, तुम अपनी नौकरी से ख़ुश नहीं हो ?'' जमील ने प्रश्न किया तो इक़बाल का चेहरा तन गया।

''हमारी ख़ुशी और नाख़ुशी क्या है !'' इक़बाल बहादुर राय ने बाहर निकलकर सड़क पर चलते हुए कहना शुरू किया, ''अगर मैं इक़बाल बहादुर राय हूँ तो समझिए, ख़ुश हूँ, पर अगर मैं इक़बाल अहमद हूँ...जमील साहब, हमारे दफ़्तर में ईद, बक़रीद, मुहर्रम वग़ैरह की छुट्टी नहीं होती। प्रेस में एक मुसलमान मज़दूर है, जिसे बाक़ायदा दरख़्वास्त देकर छुट्टी लेनी पड़ती है और उस दिन की उसे तनख़्वाह नहीं मिलती। ईद की नमाज़ मैं उसी साल पढ़ता हूँ जिस साल सन-डे को ईद होती है। हमारे अख़बार में नवरात्र, गणेश-पूजन और न जाने कौन-कौन से त्योहारों के विवरण छपते हैं—सचित्र, पर हमारे त्याहारों की न्यूज़ रद्दी की टोकरी में डाल दी जाती है। दंगों की खबरें इस तरह छापी जाती हैं कि मुसलमान ही दंगाई साबित हों। लेकिन मैं कुछ नहीं कर सकता। अब अगर यह ख़ुशी है, तो ठीक ही है।''

जमील चुप रहा।

''बोलिए, चुप क्यों हैं ?'' इक़बाल ने बाईं ओर की सड़क पर मुड़ते हुए सवाल किया तो वह चौंका।

''मुझे लगता है कि आप फ्रस्ट्रेशन के शिकार हो गए हैं।''

''और आप ?''

''मैं ? मैं इस तरह नहीं सोचता। मान लीजिए कि अख़बार का मालिक कोई मुसलमान होता तो ? मैंने ख़ुद देखा है कि एक हिन्दू प्रोफ़ेसर ने एक कॉलेज में हिन्दी पढ़ाने के लिए एक मुसलमान लड़की की नियुक्ति की है !''

''जी !'' इक़बाल व्यंग्य से मुस्कराया, ''लड़की की न, लड़के की तो नहीं !''

''तो ? लड़की और लड़के में आप फ़र्क़ करते हैं ?''

''मैं नहीं, वे लोग।''

इतना कहकर इक़बाल ने बात का रुख मोड़ दिया। ''चलो, उस पेड़ के

नीचे वाली बुढ़िया का चाट खाते हैं।''

दोनों बुढ़िया की दुकान पर पहुँचकर खड़े हो गए।

''दो जगह आलू-चाप।'' इक़बाल ने ऑर्डर दिया।

बुढ़िया ने तत्काल तवे पर आलू-चाप गर्म किए और चटनी निकालकर दोने थमा दिए।

''ये कौन जात हैं ?'' चाट बेचनेवाली बुढ़िया ने जमील की ओर इंगित करके प्रश्न किया तो इक़बाल बोला : ''मुसलमान !''

''तो बेटा, तुम्हीं पानी पिला देना।'' बुढ़िया ने दूसरे ग्राहकों के आलू-चाप गरम करते हुए कहा और उनकी तरफ़ से आँखें फेर लीं।

चाट खा लेने के बाद, पेड़ के नीचे रखे मटके में से पीतल के लोटे से पानी निकालकर पहले इक़बाल ने पिया, फिर जमील को पिलाया।

''और आप किस जाति के हैं ?''

पानी पीकर चलते हुए जमील ने प्रश्न किया तो इक़बाल हँसा।

''हम ? हम हिन्दू हैं। कोई हमें कायस्थ समझता है और कोई भूमिहार।''

इसके बाद दोनों चुप हो गए। बाहर अँधेरा हो चला था। घरों में बत्तियाँ जल गई थीं। इक़बाल चारपाई पर बैठा आलू छील रहा था। जमील आटा गूँध रहा था। इक़बाल पहले होटल ही में खाया करता था, मगर जमील के आने के बाद खाना कमरे में ही बनने लगा था।

''आप छिलके के साथ आलू भी छील देते हैं।'' जमील ने चारपाई से नीचे गिरे छिलकों को देखते हुए कहा तो इक़बाल कुढ़ गया।

''छिलके के साथ आलू न छिले तो फिर लोग आलू छील रहे हैं, ऐसा क्यों कहें ?''

इक़बाल के शब्दों से वह कुढ़न साफ झलक रही थी। जमील मुस्कराया।

''लोग तो यह भी कहते हैं कि हम आटा पिसाने जा रहे हैं, मगर साथ में ले जाते हैं गेहूँ; आटा नहीं !''

''अच्छा, भाषा की गहराई को यहीं तक रहने दीजिए। मैंने भाषाविज्ञान नहीं पढ़ा है।''

''मगर विज्ञान तो पढ़ा है !''

''क्या मतलब ?''

''ज्ञान को जो विशेष बनाए, वही विज्ञान है।''

“जमील साहब, आप तो दर्शन में चले जा रहे हैं।”

“दर्शन नहीं, दिग्दर्शन।”

“यह दिग्दर्शन क्या होता है ?”

“किसी दिशा में चलते हुए जब कोई विशेष बोध हो तो वह दिग्दर्शन कहलाता है।”

“क्या आपके साथ ऐसा हुआ है कभी ?”

“आज ही हुआ है।”

“क्या ?”

“आज चाट बेचनेवाली बुढ़िया की दिशा में जाने पर मुझे बोध हुआ कि मैं मुसलमान हूँ और आप हिन्दू।”

“जमील साहब, प्लीज़ ! बन्द कीजिए यह सब।”

“क्यों ? क्यों बन्द करूँ ? इसलिए कि आपने मुझे शरण दी है ? आप झूठ बोलकर, अपने को छिपाकर किसे धोखा दे रहे हैं ?”

“धोखा नहीं, धोका।”

“जी, जानता हूँ। आपको भूख नहीं, भूक लगती है। क्योंकि हिन्दी की रोटी खाते हुए भी आपके संस्कार वही हैं...”

“यानी हिन्दी के लिए हम अपने संस्कार को दफ़्न कर दें ? सॉरी, उसे श्मशान घाट पहुँचा दें ?”

“नहीं। पर इस तरह के शब्दों से बदहज़मी तो नहीं होती।”

“अच्छा, छोड़िए। अब बताइए, क्या करना है मुझे ? टमाटर, हरा धनिया, मिर्चा वग़ैरह...सॉरी, इत्यादि काट दूँ ?”

जमील चुप हो गया। अँगीठी पर दाल पक रही थी। वह चम्मच से उसे चलाने लगा।

तभी बिजली गुल हो गई। अँधेरा अब कमरे में भी पसर गया। जमील अँगीठी के पास से उठा और चारपाई पर बैठ गया।

“बुरा मान गए ?”

इक़बाल ने जमील के कन्धे पर हाथ रखते हुए पूछा तो जमील ने इक़बाल का हाथ हटा दिया।

“नहीं। बुरा क्यों मानूँगा ? लेकिन यह बताइए कि आप इस तरह सोचते

क्यों हैं ?''

''हूँ।'' इक़बाल ने एक लम्बी साँस ली।

''इसलिए कि हम यहाँ दूसरे दर्जे के शहरी हैं। एक सेक्युलर मुल्क होते हुए भी हिन्दुस्तान अस्ल में हिन्दू मुल्क है।''

''यह झूठ है।'' जमील फनफना उठा।

''जी नहीं, यह सच है। आप बताइए कि यहाँ सरकारी नौकरियों में, ऊँचे ओहदों पर कितने मुसलमान हैं ? पुलिस फ़ोर्स, फ़ौज, रिज़र्व बैंक, मिनिस्ट्री... कहीं भी ? हिन्दुस्तान का प्राइम मिनिस्टर कोई मुसलमान क्या हो सकता है ?''

''वह तो बहुत-से हिन्दू भी नहीं हो सकते। जैसे हरिजन। ऊँचे ओहदों पर उनकी तादाद भी बहुत कम है।''

''लेकिन उनके लिए कोटा तो है, और हमारे लिए ?''

जमील चुप रहा।

क्षण-भर तक इक़बाल भी चुप रहा; फिर बोलना शुरू किया, ''मैं जब पढ़ रहा था...अकेला मुसलमान था पूरे स्कूल में। वहाँ प्रार्थना होती थी संस्कृत में : या कुन्देन्दु तुशारहार धवला...मैं बोल नहीं पाता था। समझता भी नहीं था। लेकिन क्या किसी ने कभी पूछा मुझसे, कि इस प्रार्थना का मतलब तुम समझते हो या नहीं ? एक सेक्युलर मुल्क के स्कूलों में ऐसी प्रार्थनाएँ क्यों होती हैं ? एक सेक्युलर मुल्क के प्राइम मिनिस्टर और प्रेसीडेंट किसी भी मौक़े पर धूप-दीप क्यों जलाते हैं ? हिन्दी की साली कोई भी ऐसी फ़िल्म नहीं है जिसमें शंकर भगवान या किशन भगवान की आरती न उतारी जाती हो। हमें बहलाने के लिए साले 'ग़रीब नवाज़' बना देते हैं कभी-कभी।''

''इक़बाल साहब, मुझे तो लगता है कि आप कुछ ज़रूरत से ज़्यादा ही सोचते हैं...''

ठीक उसी वक़्त बिजली आ गई।

''जब आपका दिमाग़ रौशन होगा तब आप भी सोचेंगे। अभी आपकी बिजली गुल है।'' इतना कहकर इक़बाल उठा और अँगीठी के पास चला गया। दाल का पानी सूख गया था।

''इसमें और पानी डाल दूँ ?''

इक़बाल ने जमील की तरफ़ देखते हुए पूछा तो वह चारपाई पर लेट गया।

"पानी भी डाल दीजिए और थोड़ी-सी आग भी भड़का दीजिए।"

जमील ने मुस्कराते हुए कहा तो इक़बाल गरम हो गया।

"मैं जानता हूँ कि आप कवि हैं। मगर मैं भी पत्रकार हूँ। आपके सेटायर का मतलब न समझ सकूँ, ऐसी बात नहीं है। नउज़ो बिल्लाह, आपको तो किसी हिन्दू घर में जनम लेना था।" इक़बाल ने दाल में पानी डाल दिया। आग भी तेज़ कर दी। मगर उस रात खाना किसी ने नहीं खाया।

सुबह जमील ग़ायब था।

5

गर्मियों के दिन थे। शाम को आम तौर पर थोड़ा ठंडा हो जाता था। अगर धरती पर पानी का छिड़काव कर दिया जाए तो फिर क्या कहना ! बहार आ जाती थी। धरती पर घास उगी हो तब तो कुछ पूछना ही नहीं। हरी-हरी दूब पर मोती की तरह चमकती बूँदें और इर्द-गिर्द कुर्सियों पर बैठे कवि... मानो साक्षात् कविता उतर आई हो पृथ्वी पर ! 'वीथी' की गोष्ठियाँ इसी तरह होती थीं।

'वीथी' एक संस्था का नाम था, जिसके सर्वेसर्वा थे प्रो. जानकी प्रसाद जी 'कमल'। वैसे तो कमल जी नगर के डिग्री कॉलेज में भूगोल के लेक्चरर थे, मगर उस शहर में चूँकि सभी लेक्चरर प्रोफ़ेसर कहलाते थे, इसलिए वे भी प्रोफ़ेसर थे। उनके घर के द्वार पर लकड़ी की एक नेमप्लेट ठुकी हुई थी, जिस पर लाल-लाल अक्षरों से लिखा था : 'प्रो. जानकी प्रसाद 'कमल' ' और ठीक उनके घर के सामने जो साइकिल-मरम्मत की दुकान थी, उसके ऊपर साइनबोर्ड पर लिखा था : 'यहाँ हर प्रकार की साइकिलों की मरम्मत उचित दाम पर की जाती है।—प्रो. रमेशचन्द्र अग्रवाल !' निश्चय ही प्रो. रमेशचन्द्र अग्रवाल नाम का बालक प्रोफ़ेसर नहीं था। वह तो सिर्फ़ प्रोपराइटर था। मगर एक प्रो. के सामने जब दूसरा प्रो. हो तो कभी-कभी दोनों के मतलब एक-से लगने लगते हैं। इसलिए प्रो. रमेशचन्द्र अग्रवाल स्वयं को प्रो. जानकी प्रसाद 'कमल' से कुछ कम नहीं समझता था ! लेकिन प्रो. 'कमल' को सन्तोष यह था कि वे कवि थे। कवि-निर्माता थे। और सबसे बड़ी बात यह कि वे 'वीथी' नामक संस्था के सर्वेसर्वा थे; सम्पादक थे इसी नाम की पत्रिका के।

उस दिन प्रो. जानकी प्रसाद 'कमल' बहुत थक गए थे। सुबह दो स्लाइस खाकर घर से निकले थे और लंच के लिए घर नहीं जा सके थे। कॉलेज में कक्षाएँ लीं। 'स्केल' वग़ैरह पढ़ाया और निकल गए 'वीथी' मासिक के लिए विज्ञापन जुटाने। पहले एक स्थानीय फ़ैन वाले से निपटे, फिर गए बर्तन वाले के पास। वहाँ से निकलकर बीड़ीवाले के यहाँ। फिर टायर की दुकान में। किसी ने बीस रुपए का विज्ञापन दिया तो किसी ने पचास का। मगर 'यंग इंडिया टेलर्स' ने तो हद ही कर दी। मालिक बोला, "एक-दो बार फ्री छापो, फिर देंगे पैसा।" प्रो. जानकी प्रसाद 'कमल' ने स्वीकार तो कर लिया, मगर दुखी हो गए। जब से 'वीथी' का सम्पादन उन्होंने शुरू किया है, न जाने कितने फ्री विज्ञापन छाप चुके हैं। मगर ऐसे लोग कम ही निकले जिन्होंने अपना वादा पूरा किया हो। हर जगह झूठ, फ़रेब, धाँधली...प्रो. जानकी प्रसाद 'कमल' इसीलिए कभी-कभी चाहते हैं कि क्रान्ति हो जाए। मगर होती ही नहीं।

प्रो. जानकी प्रसाद 'कमल' जब गोष्ठी-स्थल पर पहुँचे तो सारी तैयारी पूरी हो चुकी थी। कॉलेज के लॉन में पानी का छिड़काव करके नर्म, भीगी घास पर दरियाँ बिछा दी गई थीं। काव्य-संध्या के दिन कुर्सियाँ नहीं, दरियाँ ही बिछाई जाती थीं, क्योंकि नगर में कवियों की संख्या दिन-ब-दिन बढ़ती जा रही थी। द्वार पर 'वीथी काव्य-संध्या' लिखा हुआ कपड़े का बैनर लटक रहा था। दरियों पर कई कवि और प्रो. 'कमल' के कुछ चेले बैठे हुए थे। प्रो. कमल ने स्कूटर खड़ा किया और अपनी टोपी दुरुस्त करते हुए गोष्ठी-स्थल पर पधारे। दरअसल प्रो. कमल के सिर पर एक भी बाल सही-सलामत नहीं था, इसलिए वे अपने सिर को हमेशा टोपी में छिपाए रखते थे। मूँछें सफ़ेद हो गई थीं, जिन्हें ख़िज़ाब से काली किए रहते थे। इस तरह कुल मिलाकर अपने पैंतालीस वर्ष के जिस्म को वे पच्चीस वर्ष के युवक की तरह दिखाने के लिए हमेशा परेशान रहते थे। प्रो. जानकी प्रसाद 'कमल' के हाथ में हर वक़्त एक अटैची होती थी और उसमें उनकी कविताएँ भरी होती थीं। साथ में 'वीथी' मासिक के कुछ पुराने अंक भी।

"आइए सर, आइए। इधर बैठिए।"

प्रो. जानकी प्रसाद 'कमल' के पहुँचते ही उनके प्रिय शिष्य रामेश्वर 'कुंज' ने आगे बढ़कर उनकी अटैची थामी और ससम्मान उन्हें एक तरफ़ बैठाया।

"अभी तक कोई आया नहीं !" प्रो. 'कमल' ने अपने पैर फैलाते हुए चिन्ता प्रकट की तो 'कुंज' ने उन्हें आश्वस्त करने की कोशिश की।

"अभी तो सर, सिर्फ़ छः बजे हैं। कार्यक्रम तो सात बजे से आरम्भ होगा। और सर...आज तो नगर की उदीयमान कवयित्री यासमीन जी भी आने वाली हैं !"

"अच्छा !" प्रो. कमल मुस्कराए।

"जी ! मैंने उन्हें निमंत्रण-पत्र दिया तो खुश हो गईं। बोलीं, बहुत नाम सुना है भई, 'वीथी' का। ज़रूर आऊँगी।"

नगर में डिग्री कॉलेज तीन थे। उसी में से एक में डॉ. यासमीन हिन्दी पढ़ा रही थीं। एक ही नगर में होते हुए भी दूसरे कॉलेजों के उन्हीं लोगों से प्रो. 'कमल' की भेंट हो पाती थी जो साहित्यिक प्रतिभा से ओतप्रोत होते थे। यासमीन की कला से वे हाल ही में अवगत हुए थे।

"लीजिए, वे आ ही गईं।" 'कुंज' ने चहकते हुए कहा तो प्रो. जानकी प्रसाद 'कमल' की निगाहें उठीं। यासमीन सिल्क की हरी साड़ी और मैच करता हुआ ब्लाउज़ पहने, दाहिने हाथ में एक मोटी-सी डायरी लिए चली आ रही थीं। उनके पीछे कुछ अन्य कवि भी थे। आधे घंटे के भीतर-भीतर बिछौना कवियों से भर गया। सभी लोग यासमीन को घेरकर बैठ गए। जैसे चीनी के एक दाने के इर्द-गिर्द चींटों-चींटियों की फ़ौज इकट्ठी हो जाती है।

गोष्ठी शुरू हुई। 'कुंज' के ज़िम्मे संचालन का कार्यभार था। उन्होंने पहले सभी आगंतुक कवियों का स्वागत किया फिर प्रो. जानकीप्रसाद जी 'कमल' को अध्यक्ष बनाया। उसके बाद एक-एक करके सारे कवि कविता-पाठ करने लगे। जब यासमीन की बारी आई तो 'कुंज' ने अपने हाथ में स्थित कवियों की सूची वाले काग़ज़ को कई बार मोड़ा-तोड़ा फिर मुस्कराते हुए बोलना शुरू किया :

"अब मैं हिन्दी की एक ऐसी उदीयमान कवयित्री को प्रस्तुत करना चाहता हूँ, जो वास्तव में हमारे नगर की गौरव हैं। वे मुसलमान होते हुए भी, उर्दूभाषी होते हुए भी, हिन्दी की आराधिका हैं और हिन्दी की सेवा, हिन्दी का अध्यापन, हिन्दी में लेखन; जिनके जीवन का पवित्र ध्येय है। अर्थात् सुश्री यासमीन। आइए यासमीन जी। आइए और अपनी सद्यःरचित रचना का हमें रसास्वादन कराइए। सुश्री यासमीन जी।"

यासमीन जी अपनी साड़ी का पल्लू सँभालती, डायरी के पृष्ठ खोलती

उठीं और अध्यक्ष की बग़ल में खड़ी होकर अपनी कविता का पाठ करने लगीं।

''भई कुंज ! तुम्हारा भी कोई जवाब नहीं ! क्या लौंडिया फाँसी है ?''

गोष्ठी के बाद प्रो. जानकी प्रसाद 'कमल' ने 'कुंज' को जब छेड़ा तो बेचारा नवोदित कवि नतमस्तक हो गया। बोला :

''सर, ये तो आपके लिए है !''

''क्या ?'' प्रो. कमल चौंके।

''जी, ये कविता। यासमीन जी से उनकी कविता मैंने माँग ली है और पक्का वादा किया है कि ये 'वीथी' में ज़रूर छपेगी।''

''ज़रूर छपेगी।''

प्रो. कमल ने बस इतना ही कहा और कविता लेकर उसे अपनी अटैची में रख लिया।

'नयनों में आँसू खिलते हैं
प्रीतम जब हमसे मिलते हैं...'

'वाह !' प्रो. जानकी प्रसाद जी 'कमल' भीतर ही भीतर कसमसाने लगे। कब वे घर पहुँचे, कैसे घर का दरवाज़ा खुला, कैसे भीतर गए, कैसे डिनर किया, कैसे सोये—उन्हें कुछ पता नहीं। नयनों में आँसू खिलते हैं, प्रीतम जब हमसे मिलते हैं !

''आँसू क्यों यासमीन, नयनों में सपने खिलाओ।'' नींद में वे बड़बड़ाए, मगर कौन था वहाँ जो सुनता ! पत्नी तो बच्चों के साथ दूसरे कमरे में सो रही थी।

सवेरे प्रो. कमल की आँखें जल्दी खुल गईं। खिड़की का पर्दा सरकाया तो कमरे में ठंडा उजाला फैल गया। उठकर आदमक़द आइने के सामने आए। अपने बाल-उड़े सिर को बहुत दुख के साथ देखा। फिर नाइट सूट पहने-पहने ही ज़ीना उतरकर नीचे आ गए। प्रेसवाले कमरे में ज़ीरो पावर का बल्ब टिमटिमा रहा था। उसकी पीली-पीली अंधी-सी रौशनी में जस्ते के अक्षर अपने छोटे-छोटे ख़ानों में लेटे हुए थे, मात्राएँ आराम कर रही थीं। एक तरफ़ छपाई मशीन मरी हुई दानवी की तरह ख़ामोश पड़ी थी। काली स्याही से पुते छोटे-बड़े काग़ज़ बेतरतीब बिखरे हुए थे। दीवार से सटी एक

ऊँची-सी टेबुल पर 'वीथी' के छपे हुए फ़र्मे क़रीने से रखे हुए थे ! प्रो. कमल उन सब पर नज़र डालते हुए अपने ऑफ़िस वाले कमरे में पहुँचे और ट्यूबलाइट का स्विच ऑन किया। वह नहीं जला। प्रो. कमल ने कमरे में लगे ज़ीरो पावर का बल्ब जलाया। वह दुप् से जल गया। मगर कमरा रौशन नहीं हुआ। वे कुर्सी पर बैठ गए। अगर वे खिड़कियाँ खोल देते तो कमरे में कुछ ज़्यादा प्रकाश हो सकता था, मगर उस समय वे बाहर की दुनिया को देखना नहीं चाहते थे। बाहर की दुनिया का क्या भरोसा !

अचानक प्रो. कमल ने देखा कि ट्यूब लाइट लुपुर-लुपुर करने लगी है। उन्होंने बग़ल से झाड़न उठाया और बैठे-बैठे ही उसकी मूठ से ट्यूबलाइट में लगे स्टार्टर को छेड़ा। ट्यूबलाइट थोड़ी देर की छेड़खानी के बाद जल गई। लेकिन बीच-बीच में लुपुर-लुपुर भी करती रही। प्रो. कमल इस सबके आदी थे। वे झाड़न से अपनी टेबुल झाड़ने लगे। तभी दरवाज़े की निचली दरार में खड़खड़ाहट हुई। अख़बार था। वह दरार से सरकता हुआ इस तरह कमरे में आ गया, जैसे अचानक स्त्री के गर्भ से शिशु बाहर आ जाता है। 'शिशु भी चीख़ता है, अख़बार भी चीख़ते हैं।' प्रो. कमल अपनी इस काव्यात्मक कल्पना से अहो-अहो हुए। झपटकर अख़बार उठा लिया। लोग अख़बार का पहला पृष्ठ सबसे पहले पढ़ते हैं, मगर प्रो. कमल को उसमें कोई रुचि नहीं। सब सरकारी ख़बरें ! वही चीखना-चिल्लाना। उन्होंने चौथा पृष्ठ खोला और सांस्कृतिक समाचार वाले कॉलम में कलवाली गोष्ठी की रपट ढूँढ़ने लगे। 'स्साले ने सिर्फ़ चार लाइनें छापीं। ठीक है, देख लूँगा तुझे श्रीवास्तव !'

प्रो. कमल अख़बार के रिपोर्टर पर झल्लाए। कह रहा था, 'सर, 'वीथी' के समाचार को इम्पोर्टेंस मिलेगी।' यही इम्पोर्टेंस मिली है कि ख़बर को टेल बना दिया है ! और हिन्दी की एकमात्र मुसलमान कवयित्री यासमीन तो 'इत्यादि' में चली गई हैं ! बड़े-बूढ़े ठीक ही कहते हैं : 'कायस्थ का बच्चा, कभी न सच्चा !'

तभी कुंडी खटकी। प्रो. कमल ने अख़बार टेबुल पर पटका। उठकर किवाड़ खोले। सामने रघुबीर खड़ा था। उसके हाथ के झोले में सब्ज़ियाँ भरी थीं। "ले जाओ, इसे ऊपर रखकर आओ।" प्रो. कमल ने रघुवीर को आदेश दिया और बैठकर अटैची खोली। यासमीन की कविता निकाली। पढ़ने लगे। खो गए।

रघुबीर और कैलाश—ये उनके प्रेस में काम करते थे। कम्पोज़ीटर, मशीन

मैन—सभी कुछ ये थे। रघुबीर तो घरेलू नौकर भी था। सवेरे वही सबसे पहले आता। कैलाश थोड़ी देर में आता। वह अपने गाँव से आता था। प्रो. कमल दोनों को बहुत चाहते थे। इसलिए डाँटते-फटकारते भी रहते थे। रघुबीर को तो झापड़ भी मार देते थे। मगर उन्हें नाज़ था इन पर। उफ़ तक नहीं करते थे। प्रो. कमल की योजना थी कि भविष्य में इनकी वफ़ादारी को आधार बनाकर वे एक उपन्यास लिखेंगे।

प्रेसवाले कमरे में खड़भड़ाहट हुई तो प्रो. कमल चौंके।

"रघुबीर !" उन्होंने आवाज़ दी तो रघुबीर चाभी के खिलौने की तरह आफ़िस में हाज़िर हो गया।

"वीथी के कितने फ़र्मे छप गए ?"

"आख़िरी छप रहा है सर।"

"हूँ !" प्रो. कमल ने यासमीन की कविता उठाई। "अभी रोक दो उसे। कोई फ्री वाला विज्ञापन हटाकर यह कविता लगा दो।"

"जी, अच्छा सर !"

रघुबीर ने कविता उनके हाथ से ले ली और उलटे पाँव वापस लौट गया। प्रो. कमल ने डायरी निकाली और अगले महीने की 'वीथी' के लिए कविता लिखने बैठ गए। कविताएँ वे इसी तरह लिखा करते थे।

"सर !"

प्रो. कमल चौंके। रघुबीर डरा हुआ-सा खड़ा था।

"क्या हुआ ? कविता कम्पोज़ हुई ?"

"जी ! मगर एक समस्या आ गई है।"

"समस्या ?"

"जी। कविता की कुछ लाइनें उस पेज पर नहीं आ पाई हैं।"

"तो अगले पेज पर एडजस्ट करो।"

"मगर सर..."

"मगर क्या ?"

"अगले पेज पर आपकी पिछली कविता का शेषांश है और 'मस्ताना पान भंडार' का विज्ञापन।"

"हूँ !" प्रो. कमल ने थोड़ी देर तक कुछ सोचा। फिर बोले; "मेरी कविता के शेषांश को हटा दो। अगर फिर भी यासमीन जी की कविता एडजस्ट न हो सके तो 'मस्ताना पान भंडार' के विज्ञापन में टाइप छोटे कर दो।"

"ठीक है, सर।"

इतना कहकर रघुबीर जाने लगा, तो प्रो. कमल को कुछ याद आया।

"सुनो।" उन्होंने उसे रोका। रघुबीर खड़ा हो गया। प्रो. कमल को याद आया कि उनकी पिछली कविता—यानी 'कैक्टस और गुलाब'—इससे पहले देश की एक प्रसिद्ध पत्रिका 'पूर्णिमा' में छप चुकी है और अब उनकी स्वयं की पत्रिका 'वीथी' में साभार छप रही है। सो, कविता के अंत में लिखा है : 'पूर्णिमा' से साभार !

"शेषांश के नीचे वाली लाइन को उठाकर किसी तरह कविता के नीचे एडजस्ट कर देना !"

"मगर सर, आपकी कविता तो दूसरे फ़र्मे में ही छप चुकी है।" रघुबीर ने काँपती हुई आवाज़ में प्रो. कमल को यह सूचना दी तो वे एकदम से बुझ गए। उनकी दशा उस साँप की सी हुई जो चूहे के भ्रम में छछूँदर को पकड़ लेता है। छछूँदर को अगर छोड़ दे तो अंधा हो जाए और अगर खा जाए तो मृत्यु। भइ गति साँप-छछूँदर केरी। उगरत निगरत बिपत घनेरी !

दरअसल 'वीथी' में—यानी अपनी ही पत्रिका में अपनी कविता के छप जाने में तो कोई बात नहीं थी। पर रचना अगर देश की किसी दूसरी पत्रिका में छपी हो तो उसे साभार प्रस्तुत करने का महत्त्व ही कुछ और था। सो, प्रो. कमल एक ओर तो अपनी कविता के महत्त्व के लिए चिन्तित थे और दूसरी ओर किसी उदीयमान मुस्लिम कवयित्री के रचनात्मक अधिकार के लिए। ख़ैर, अन्त में उन्होंने फ़ैसला किया कि एक अल्पसंख्यक समुदाय के हक़ में वे अपनी कविता के महत्त्व को त्याग की गरिमा से विभूषित कर देंगे। तेन त्यक्तेन भुंजीथा मागृधः कस्य स्विद्धनम् !

"ठीक है, रघुबीर। जैसा कहा है, वैसा ही करो। उस अन्तिम पंक्ति की चिन्ता छोड़ दो।"

प्रो. कमल ने निःश्वास छोड़ते हुए कहा और पुनः अपनी कविता की रचना-प्रक्रिया में डूब गए। रघुवीर चला गया।

6

जमील रिहर्सल कर रहा था। उन दिनों उस शहर में कोई नाटक होनेवाला नहीं था। होता भी तो जमील को एक्टिंग करना नहीं आता था। फिर भी वह रिहर्सल में डूबा हुआ था।

—आपका नाम किस भाषा में है ?

—अरबी में।

—मुसलमान लोग अपने नाम अरबी में ही क्यों रखते हैं ?

—जी नहीं, फ़ारसी में भी रखते हैं। भारत के दूसरे प्रान्तों में तो स्थानीय प्रभाव भी देखने को मिलते हैं। जैसे : शहनाज़ पोनखोचवाला।

—अच्छा, यह बताइए जमील साहब, आपने मुसलमान होते हुए भी हिन्दी में एम.ए. क्यों किया ?

—यह सिद्ध करने के लिए कि हिन्दी केवल हिन्दुओं की भाषा नहीं है।

—अच्छा, यह बताइए, अगर आपकी नियुक्ति हो गई तो क्या आप 'रामचरितमानस' के अंशों को उसी आस्था के साथ पढ़ा सकेंगे जिस आस्था के साथ उन्हें पढ़ाया जाना चाहिए ?

—क्यों नहीं ? साहित्य के प्रति यदि आस्था नहीं है तो फिर साहित्य को पढ़ने-पढ़ाने से लाभ क्या ?

मगर सारा रिहर्सल व्यर्थ साबित हुआ। जमील जिस कॉलेज में इंटरव्यू के लिए पहुँचा, वह मुसलमानों का कॉलेज था। नाम से पता नहीं चलता था। महात्मा गांधी इंटर कॉलेज। कॉलेज का यही नाम था। मगर था वह मुसलमानों का। प्रबन्ध-समिति का अध्यक्ष मुसलमान, सचिव मुसलमान, सदस्य मुसलमान...कॉलेज के प्रिंसिपल मुसलमान। अध्यापकों में सिर्फ़ पाँच

हिन्दू थे। चौबीस के स्टाफ़ में सिर्फ़ पाँच हिन्दू ! थे तो एक और, मगर वे रिटायर हो गए थे। यह जगह उन्हीं की थी। हिन्दी टीचर गुप्ता जी की। उन दिनों हिन्दी पढ़ाने के लिए मुसलमान अध्यापक नहीं मिलते थे। गुप्ता जी को उस कॉलेज में इसीलिए नौकरी मिली थी। मगर अब ? अब तो महात्मा गांधी इंटर कॉलेज को किसी मुसलमान की तलाश थी।

अभ्यर्थियों में कुल सात मुसलमान थे। सातों हिन्दी में एम.ए.। मगर इंटरव्यू देने आए थे सैंतालीस। यानी चालीस हिन्दू थे। पद था व्याख्याता का। अर्हता : हिन्दी में द्वितीय श्रेणी एम.ए., और बी.ए. में संस्कृत। सभी अभ्यर्थी इस बात से ख़ुश थे कि किसी भी मुसलमान अभ्यर्थी के पास बी. ए. में संस्कृत नहीं थी।

इंटरव्यू में बुलाए गए अभ्यर्थियों की सूची में जमील का नाम नहीं था। जमील तो इसलिए वहाँ पहुँच गया था कि उन दिनों उस शहर में वह जिस व्यक्ति के यहाँ रहा था, वह भी उस पद का अभ्यर्थी था। फूल मुहम्मद अंसारी। जमील से अंसारी साहब ने ही कहा था कि जब तुमने आवेदन-पत्र दिया है तो चलो। ट्रेन का किराया भी अंसारी साहब ने हीं दिया था।

अगस्त का महीना था। वैसे तो सावन था, मगर वर्षा का नामोनिशान नहीं। और गर्मी ऐसी पड़ रही थी कि सावन को अगस्त, बल्कि ऑगस्ट कहना ही बेहतर लगता था। महात्मा गांधी इंटर कॉलेज की इमारत का बरामदा अभ्यर्थियों से भरा हुआ था। क्लर्क के हाथ में उनकी सूची थी। सूची में जमील का नाम नहीं था। लेकिन क्लर्क मुसलमान था। उसने बीच में जमील को अन्दर भेज दिया।

"आपका नाम ?"

संवाद शुरू हुआ।

"जमील अहमद।"

"जमील अहमद ? आप कौन हैं ? क्यों आ गए यहाँ ? यहाँ इंटरव्यू हो रहा है।"

"जी, मैं इंटरव्यू देने ही आया हूँ।"

"मगर लिस्ट में आपका नाम नहीं है।"

"क्यों ?"

"यह आप जानें। आपकी कोई अप्लीकेशन नहीं है।"

"है क्यों नहीं ? मैंने भेजी है। मेरे पास डाकख़ाने की रसीद है।"

"मगर हमें तो नहीं मिली।"

"यह तो डाक विभाग की ग़लती है ! मेरी नहीं।"

"लेकिन हम आपका इंटरव्यू कैसे ले सकते हैं ?"

"जैसे सबका ले रहे हैं।"

"माफ़ कीजिएगा, यह नामुमकिन है। आप जा सकते हैं।"

"क्यों ? मैंने बाक़ायदा अप्लाई किया है।"

"सॉरी, इट इज़ इम्पॉसिबुल।"

"मगर सर, मैं यह तो नहीं कह रहा हूँ कि आप मेरा अपाइंटमेंट कर लें। मैं तो सिर्फ़ इंटरव्यू देना चाहता हूँ। इस पर आप लोगों को क्या एतराज़ हो सकता है ?"

इस संवाद के बाद कमरे में सन्नाटा छा गया।

"ठीक है।" सन्नाटा टूटा। प्रबन्ध-समिति के सचिव ने बोलना शुरू किया। "अगर आपको इंटरव्यू देने का इतना ही शौक़ है तो वेट कीजिए। आपका इंटरव्यू सबसे आख़िर में लिया जाएगा।"

जमील बाहर आ गया।

बाहर ख़ूब चहल-पहल थी। बरामदे में लाइन से बेंचें लगी थीं, जिन पर इंटरव्यू देनेवाले बैठे थे। जब भीतर से कोई बाहर आता तो उनमें से अधिकांश खड़े हो जाते थे और उस पर टूट पड़ते थे।

"क्या पूछा ?"

"रीतिकाल के बारे में ?"

"रस, छंद, अलंकार ?"

"हिन्दी का पहला उपन्यास ?"

सवालों की झड़ी लग जाती थी। एक इंटरव्यू भीतर, दूसरा बाहर ! ज़ाहिर है, कि उन्होंने जमील को भी घेरा। मगर जब उन्हें पता चला कि इसका इंटरव्यू तो हुआ ही नहीं, उन्होंने सन्तोष की साँस ली। वे पुनः अपनी-अपनी जगह बैठ गए। जमील भी एक तरफ़ बैठ गया और अपने साथी अभ्यर्थियों के क्रियाकलाप देखने लगा। उनमें से कुछ लोग तो बेफ़िक्र दिखाई पड़ रहे थे। वे सिगरेटें फूँक रहे थे और गप्पें हाँक रहे थे। मगर कुछ लोग बहुत सीरियस थे। वे किताबें पढ़ रहे थे। किसी के हाथ में 'हिन्दी साहित्य का इतिहास' था तो किसी के हाथ में 'सामान्य ज्ञान'। एक सज्जन तो 'व्याकरण' पढ़ने में ही डूबे हुए थे। इंटरव्यू देकर लौटने वालों में से कुछ

तो वहाँ से चले गए थे, पर कुछ यह जानने के लिए बैठे हुए थे कि देखें, किसका 'होता' है ? जिनका इंटरव्यू ख़राब हुआ था, वे इंटरव्यू लेनेवालों को गालियाँ बक रहे थे और जिनका इंटरव्यू अच्छा हुआ था, वे अपनी डींगें हाँक रहे थे।

धीर-धीरे शाम हुई। सूरज डूबा। मस्जिद में अज़ान हुई। अज़ान के साथ ही इंटरव्यू समाप्त हुआ। इंटरव्यू लेनेवालों में से कुछ लोग नमाज़ पढ़ने चले गए। अब तक बरामदा लगभग ख़ाली हो गया था। सिर्फ़ चन्द लोग वहाँ रह गए थे, जो रिज़ल्ट सुनकर ही जाना चाहते थे। ऐसे लोगों में अभ्यर्थी तो थे ही, उस कॉलेज के अध्यापक भी थे। वे लोग थोड़ी देर पहले आए थे और अभ्यर्थियों का जायज़ा ले रहे थे।

नमाज़ के बाद, जमील का इंटरव्यू हुआ। मगर उससे वे प्रश्न नहीं पूछे गए, जिनकी उसने बरामदे की बेंच पर बैठे-बैठे कल्पना की थी। मसलन : हिन्दी साहित्य पर इस्लाम का क्या प्रभाव पड़ा है ? या हिन्दी साहित्य के विकास में मुसलमानों का क्या योगदान है ? वग़ैरह। उससे पहला सवाल पूछा गया, 'छायावाद क्या है ?' और आख़िरी सवाल था, 'क्या बी.ए. में आपने संस्कृत पढ़ी है ?' इसके बाद उसने सोचा कि अब शायद पूछेंगे, 'मुसलमान होकर भी आपने संस्कृत क्यों पढ़ी ? क्या वेद और गीता पर भी आप अक़ीदा रखते हैं ?'' मगर जमील की सर्टिफ़िकेट में 'संस्कृत' लिखा हुआ देखने के बाद वे चुप हो गए।

जमील बाहर निकल आया।

लेकिन फ़ौरन ही उसे फिर बुलाया गया और सूचना दी गई कि आपका एप्याइंटमेंट कर लिया गया है।

सिद्दीक़ी साहब महात्मा गांधी इंटर कॉलेज में अर्थशास्त्र पढ़ाते थे। इंटरव्यू का रिज़ल्ट देखने के लिए आने वालों में वे भी थे। उस रात जमील उन्हीं के घर रहा।

''आपने हम सबकी इज़्ज़त रख ली।''

सिद्दीक़ी साहब ने सिगरेट सुलगाते हुए कहा। वे लोग छत पर बैठे हुए

थे। आसमान साफ़ था और उमस थी। सिद्दीक़ी साहब और जमील दोनों ने सिर्फ़ लुंगी-बनियान पहन रखी थी। जमील को अचानक डकार आ गई। मुँह में थोड़ी देर पहले खाए गए मुर्ग़े का स्वाद भर गया।

"कैसी इज़्ज़त ?" डकार लेने के बाद उसने पूछा तो सिद्दीक़ी साहब ने ठीक उसके चेहरे पर अपनी आँखें फैला दीं।

"यही कि आप आ गए। आप न आए होते तो न जाने क्या होता ?"

"क्या होता ?"

"वो धोबिया रख लिया गया होता !"

"क्या मतलब ?"

"अरे राजाराम धोबी हमारे प्रिंसिपल के गाँव का है। वह भी तो अप्लीकांट था। प्रिंसिपलवा उसी को करना चाहता था। तीन बोरा गेहूँ दिया था उसने। आप न आए होते तो उसी का होता।"

"समझ गया। मगर यह समझ में नहीं आया कि अगर उसी का एपाइंटमेंट हो गया होता तो आप लोगों की इज़्ज़त क्यों ख़राब होती ?"

"देखिए जमील साहब, बात ये है कि इस पोस्ट को लेकर हम सबकी—यानी सारे मुसलमानों की इज़्ज़त दाँव पर लगी हुई थी। आपको नहीं मालूम, हमारे कॉलेज के कॉमर्स टीचर अब्दुस्सलाम साहब तो इस पर तुले हुए थे कि अगर कोई माकूल कैंडीडेट न मिले तो उन्हीं को लेक्चरर बना दिया जाए। वे ज़बर्दस्ती घुस गए थे इंटरव्यू देने !"

"मगर वे तो कॉमर्स-टीचर हैं।"

"जी, उनका प्रोमोशन ड्यू है। मगर कमेटी के लोग उन्हें लेक्चरर बना ही नहीं रहे हैं !"

"लेकिन कॉमर्स का टीचर हिन्दी का लेक्चरर कैसे बन सकता है ?"

"वो तो नहीं बन सकता। हम सब जानते हैं। मगर टाँग अड़ाने के लिए कुछ न कुछ तो करना पड़ता है।"

"टाँग अड़ाने के लिए ?"

"जी ! इस बार हम लोगों ने तय किया था कि चाहे कुछ भी हो जाए, मगर किसी हिन्दू साले का नहीं होने देंगे।"

"क्यों ?"

"अरे ! आप पूछ रहे हैं, क्यों ? क्या आपका एपाइंटमेंट किसी हिन्दू कॉलेज में हो सकता था ? हिन्दुओं के कॉलेज में मुसलमानों को जगह

मिलनी नामुमकिन है। मगर मुसलमानों के सामने मजबूरी है। अब इसी हिन्दी को लीजिए। हिन्दी के लिए पूरी योग्यता वाले मुसलमान कैंडीडेट मिलते ही नहीं। वो तो कहिए, अल्लाह तआला ने आपको भेज दिया।''

''मगर क्या आप समझते हैं कि हिन्दू कॉलेजों में किसी भी हिन्दू का एपाइंटमेंट हो सकता है ?''

''आपकी बात सही है। ब्राह्मणों के कॉलेज में ब्राह्मण का और कायस्थों के कॉलेज में कायस्थों का ही हो सकता है। मगर मेरी यह बात भी सच है कि किसी मुसलमान का नहीं हो सकता। अगर अहीरों के कॉलेज में इंटरव्यू हो और कोई योग्य यादव न मिले तो वे बनिया को रख लेंगे, मगर मुसलमान को नहीं। ये हिन्दू साले वैसे तो सवर्ण-अवर्ण की बात करते हैं, मगर जब मुसलमान सामने आता है तो उसके ख़िलाफ़ एक हो जाते हैं।''

''मगर यही काम मुसलमान भी तो करते हैं।''

''वो कैसे ?''

''यूँ तो वे इंसाफ़ और ईमानदारी की बात करते हैं, मगर जब बिरादरी की बात आती है तो अपनी तरफ़ ही झुकते हैं !''

सिद्दीक़ी साहब को शायद जमील से इस प्रकार के जवाब की आशा नहीं थी। सो, थोड़ी देर के लिए वे ख़ामोश हो गए। लेकिन अपने लिए दूसरी सिगरेट सुलगाते हुए उन्होंने फिर बोलना शुरू किया :

''आपने ठीक फ़रमाया। मगर यह तो सोचिए कि अगर ऐसा न हो तो हमारे लोग कहाँ जाएँ ? है कहीं उनके लिए जगह ?''

जमील ख़ामोश हो गया। इसलिए नहीं, कि उसके पास इस प्रश्न का उत्तर नहीं था; बल्कि इस बीच वह कुछ सोचने लगा था।

जमील सोच रहा था कि उसका एपाइंटमेंट इसलिए नहीं हुआ है कि वह एक योग्य युवक है बल्कि इसलिए हुआ है कि वह मुसलमान है। अगर वह मुसलमान न होता तो ? अगर उसका नाम जमील अहमद की जगह राजाराम होता तो ?

''हमारे कॉलेज में पाँच हिन्दू टीचर हैं !'' सिद्दीक़ी साहब ने लेटते हुए कहना शुरू किया। ''पाँचों साले पक्के जनसंघी हैं। इनसे बचकर रहिएगा।''

जमील ने कुछ नहीं कहा। वह भी लेट गया और थोड़ी देर बाद ही उसने करवट बदल ली। अब उसे वाक़ई नींद आ रही थी।

जमील ने जिस दिन कॉलेज ज्वाइन किया, उस दिन कॉलेज के अध्यापकों से उसकी मुलाक़ात कराने के उद्देश्य से स्टाफ़ रूम में एक मीटिंग रखी गई। मीटिंग में जमील का स्वागत किया गया और अध्यापकों ने अपना-अपना परिचय दिया। [उनका परिचय यहाँ भी दिया जाएगा, मगर बाद में।] फिर जलपान हुआ और मीटिंग ख़त्म हुई। लोग धीरे-धीरे कर के बाहर निकल गए। स्टाफ़ रूम में रह गए सिर्फ़ सिद्दीक़ी साहब, जमील, अंसार अहमद साहब और मुमताज़ साहब। थोड़ी देर तक सन्नाटा रहा।

"ऊ जो चन्द्रशेखरवा है न, नम्बर एक का हरामी है। मैनेजर का चमचा है साला। किस तरह गर्मजोशी से हाथ मिला रहा था आपसे !"

सिद्दीक़ी साहब ने सन्नाटा तोड़ा। "और वे जो शर्मा जी हैं, उनका रंग देखा आपने ?" अंसार साहब ने आगे लुक्का लगाया। "मैं तो जमील साहब रंग, देखकर आदमी को पहचान जाता हूँ। क्या काले रंग के बाम्हन के साथ कभी आपका पाला पड़ा है ? अरे करिया बाम्हन गोर चमार, इनके संग न उतरे पार। साला इधर की बात उधर करता है और उधर की इधर। एकदम काला नाग है।"

"और तिवरिया ?" अब मुमताज़ साहब शुरू हुए। मगर जैसे ही उनके मुँह से 'तिवरिया' निकला, तिवारी जी प्रकट हो गए।

"आइए, आइए तिवारी जी।" मुमताज़ साहब ने उनका स्वागत किया। जमील साहब को हम यहाँ की राजनीति बता रहे थे।"

"राजनीति का ज्ञान बहुत आवश्यक है।" तिवारी जी ने बैठते हुए कहा। देश की राजनीति और अपने कॉलेज की राजनीति का अगर लघुत्तम समापवर्तक निकाला जाए तो एक ऐसी राजनीति सामने आएगी जो सभी प्रकार की राजनीतियों को काटकर रख देगी।"

"देखिए, मैं कह रहा था न कि तिवारी जी की नस-नस में गणित भरी हुई है !"

मुमताज़ साहब चहके।

"गणित न हो गुरु, तो जिन्दा रहना मुस्किल है। ऊ तो समझो ई गणितै है, जेकरी बदौलत हम सबको अपने इस पे रखते हैं।"

तिवारी जी की इस बात पर सभी लोग खिलखिलाकर हँस पड़े।

ठीक उसी समय कॉलेज का एक चपरासी स्टाफ़ रूम में घुसा और जमील की तरफ़ मुँह करके बोला, "प्रिंसिपल साहब आपको बुला रहे हैं।"

जमील उठ गया।

प्रिंसिपल का कक्ष बहुत बड़ा नहीं था, पर उसे दो भागों में विभाजित किया गया था। विभाजन के लिए बीच में अलमारियाँ लगाई गई थीं। अलमारियों के पार वाली जगह में एक खटोला पड़ा था, जिस पर प्रिंसिपल साहब की पत्नी लेटी थीं। बाहर से सिर्फ़ उनका सिर दिखाई पड़ रहा था। जहाँ प्रिंसिपल साहब बैठे थे, उस जगह के ठीक सामने खिड़की थी और खिड़की के उस पार था कॉलेज का टॉयलेट। दीवारों पर महात्मा गांधी और जवाहरलाल नेहरू की तस्वीरें लटक रही थीं। एक तरफ़ पानी से भरा हुआ एक बधना रखा था और उसके आसपास चायवाले कुछ जूठे कुल्हड़ पड़े थे। प्रिंसिपल साहब खादी का कुर्ता-पाजामा पहने कुर्सी पर बैठे थे और रह-रहकर अपनी रूमाल से नाक पोंछ रहे थे। बीच-बीच में वे अलमारियों के पार लेटी अपनी बीवी को भी देख लेते थे। टेबुल पर एक गंदा-सा मेज़पोश बिछा था, जिस पर स्याही के लाल-नीले धब्बे पड़े हुए थे। उन धब्बों के आसपास ही काँच का एक पुराना-सा पेपरवेट रखा था और एक किनारे पर कुछ रजिस्टर पड़े हुए थे। जमील के पहुँचते ही प्रिंसिपल साहब ने एक रजिस्टर उठाया और जमील के आगे उसे खिसका दिया।

"आपको दर्जा ग्यारा का क्लास-टीचर बना दिया है। इसे सँभालिए।" उन्होंने यह निर्देश इस प्रकार दिया, मानो दर्जा ग्यारह की बहुत बड़ी अहमियत हो ! जमील ने रजिस्टर थाम लिया।

"और देखिए जमील साहब," प्रिंसिपल साहब ने रूमाल में नाक छिनकते हुए कहना शुरू किया, "इस कॉलेज में बड़ी पॉलिटिक्स है। आप उससे बचकर रहिएगा।"

"लेकिन प्रिंसिपल साहब, ये तो मुसलमानों का कॉलेज है और स्टाफ़ में ज़्यादातर मुसलमान ही हैं। फिर पॉलिटिक्स कैसी ?"

"जी, इसीलिए तो पॉलिटिक्स है। आप समझे नहीं। अगर हिन्दू-मुसलमान बराबर-बराबर हो जाएँ तो सारी पॉलिटिक्स भीतर घुस जाए। कहीं मुसलमान माइनर्टी में हैं, कहीं हिन्दू। इस मुल्क की सबसे बड़ी ट्रेजेडी यही है; जिसे किसी ने नहीं समझा है। किसी ने माने, किसी भी प्राइम मिनिस्टर ने... हालाँकि जमील साहब, मैं पुराना कांग्रेसी हूँ..."

टिन टिन टिन टिन टिन टिन... !

तभी रेसस की घंटी बजी और जमील दर्जा ग्यारह का रजिस्टर उठाकर

बाहर आ गया। रजिस्टर उसने ऑफ़िस में रख दिया। स्टाफ़ रूम से लगभग सारे अध्यापक बाहर निकल आए थे। रेसस के दौरान वे बाहर की दुकानों में चाय पीने और पान खाने जाया करते थे। सिर्फ़ सिद्दीक़ी साहब और मुमताज़ साहब स्टाफ़ रूम में बैठे थे। वे जमील का इन्तज़ार कर रहे थे। मगर जमील को पेशाब लगा था। वह बरामदे में खड़ा इधर-उधर देख रहा था, कि कॉलेज का बूढ़ा चपरासी नूरुद्दीन शायद भाँप गया।

''पेसाब करने जाना है क्या माटसाब ?''

उसने पास आकर पूछा और ऑफ़िस के दरवाज़े पर रखे अल्मुनियम के बधने की तरफ़ इशारा किया।

''उसमें पानी है। ले लीजिए और पीछे की तरफ़ चले जाइए। उधर ही बना है पेशाबख़ाना।'' जमील ने बधने को देखा, लेकिन उसे उठाया नहीं। नूरुद्दीन मुस्कराया।

''ठहरिए माटसाब। मैं समझ गया।'' फिर इतना कहकर वह ऑफ़िस में चला गया। लौटा तो उसके हाथ में एक चाक था।

''ई पैंट पहनने में यही दिक्कत है। खड़े-खड़े पेसाब करना पड़ता। फिर आदमी पानी कैसे ले ? लीजिए, ई चाक ले लीजिए।''

जमील ने चाक ले लिया और पिछवाड़े की तरफ़ निकल गया।

पिछवाड़े चार ख़ानोंवाला पेशाबघर बना था, जिनमें से एक में घुसकर वह पेशाब करने लगा। वहाँ इतने सारे चाक पड़े थे जितने शायद क्लास में भी इस्तेमाल न होते हों। उनमें से कुछ तो ऊपर गिरे हुए थे और कुछ खुड्ढी में भरे पेशाब में भीग रहे थे। जमील ने पेशाब करने के बाद अपने चाक को ग़ौर से देखा। चाक मानो फ़रियाद कर रहा था कि मुझे पेशाब में मत फेंको। जमील को उस पर दया आई। उसे अफ़सोस हुआ कि इसे वह क्यों यहाँ ले आया। इससे अच्छा तो बधना ही ले लेता।

जमील ने चाक का इस्तेमाल नहीं किया। उसे पैंट की जेब में डालकर बाहर निकल आया।

7

आज जिसे लोग महात्मा गांधी इंटर कॉलेज के नाम से जानते हैं, आरम्भ में वह सिर्फ़ एक स्कूल था। मुसलमान बच्चों के लिए खोला गया था। विचार था कि यहाँ दीन और दुनिया दोनों की तालीम दी जाएगी। मगर धीरे-धीरे स्कूल के कारकुनों को लगा कि नहीं, इसकी वुसअत बढ़ाई जाए। कुछ ऐसा किया जाए कि सरकार से माली इमदाद भी मिले और तालीम का दायरा भी बढ़े। सो, पहले तो यह हुआ कि यहाँ से हाईस्कूल के प्राइवेट फ़ार्म भरवाए जाने लगे, फिर कक्षाएँ भी लगने लगीं। और जब कारकुनों को विश्वास हो गया कि इसे 'हाईस्कूल' की मान्यता मिल जाएगी तो उन्होंने इसका नाम—'मौलवी फ़ैयाज़ुद्दीन मिडिल स्कूल' से बदलकर 'महात्मा गांधी मिडिल स्कूल' कर दिया। ज़ाहिर है, नाम इतना सेकुलर था कि थोड़ी-बहुत भाग-दौड़ और थोड़ी-बहुत रिश्वत के बाद ही मान्यता मिल गई। कुछ दिनों के बाद यह इंटर कॉलेज भी हो गया।

मौलवी फ़ैयाज़ुद्दीन कॉलेज के वर्तमान मालिक रियाजुद्दीन टालवाले के दादा थे। वे पढ़े-लिखे बिलकुल नहीं थे। पाँचों वक़्त के नमाज़ी थे, इसलिए मौलवी कहलाते थे। उनके लड़के यानी रियाज़ुद्दीन के वालिद सिर्फ़ एक रोज़ स्कूल गए थे। मगर रियाजुद्दीन साहब पूरे चार जमात पास थे। लकड़ी का कारोबार उनका ख़ानदानी पेशा था। पहले तो किसी गली में एक छोटी- सी दुकान भर होती थी, मगर अब शहर के बाहरी इलाक़े में ख़ूब बड़ी-सी टाल थी, जहाँ इमारती और जलाऊ लकड़ियों से लेकर क़ब्र में लगाए जाने वाले तख़्ते तक 'मुनासिब दाम' में मिलते थे।

रियाज़ुद्दीन साहब की आँखों में एक ख़्वाब था। उनकी ख़्वाहिश थी

कि उनके कॉलेज से पढ़कर निकलने वाले मुसलमान लड़के मुल्क के उन सभी ओहदों पर पहुँचें जहाँ अब तक काफ़िरों का ही क़ब्ज़ा है। दुनिया को वे दिखा दें कि एक मुसलमान अगर चाह ले तो सब कुछ कर सकता है। अपने ख़्वाब को अंजाम देने के उद्देश्य से उन्होंने कॉलेज की प्रबन्ध-सामति में शहर के नामी-गिरामी और तालीमयाफ़्ता लोगों को रख रखा था। वे इस नए ज़माने में अहदे-वुस्ता के उस अकबर की नई मिसाल क़ायम करना चाहते थे, जिसने ख़ुद अपढ़ होते हुए भी बड़े-बड़े दानिशवरों को अपना चाकर बनाकर रखा था। रियाजुद्दीन साहब यह भी चाहते थे कि उनके कॉलेज में एक भी काफ़िर उस्ताद न आए, मगर चूँकि कॉलेज को सरकार की तरफ़ से माली इमदाद मिलती थी और सरकार उन्हीं काफ़िरों की थी, इसलिए मजबूरी में कुछ टीचर रखने पड़े थे। हालाँकि ऐसा तभी किया गया था, जबकि कोई योग्य मुसलमान कैंडीडेट नहीं मिल सका था। हालाँकि उनकी नज़र में मुसलमान होना भी एक योग्यता के समान ही था, पर सरकारी क़ानून के आगे तो झुकना ही पड़ता था।

रियाजुद्दीन टालवाले ने अपने हिसाब से चुन-चुनकर उस्ताद रखे थे, सिवा हिन्दुओं के। मगर अब हालत यह थी कि कुछ अपने भी उन्हें दुश्मन नज़र आते थे और कुछ ग़ैर भी सगे मालूम होते थे। वाक़ई यह एक गहरा राज़ ही था, कि उम्मते-मुहम्मद न भाए और बुतपरस्त पर प्यार आए। इस राज़ को समझने के लिए ज़रूरी है कि महात्मा गांधी इंटर कॉलेज के अध्यापकों का भी संक्षिप्त परिचय दिया जाए।

प्रिंसिपल साहब

प्रिंसिपल साहब का कोई नाम न रहा हो, ऐसा तो नहीं हो सकता। मगर कुछ लोग अपने नाम से नहीं, अपने पदनाम से ही ज़्यादा जाने जाते हैं। यहाँ तक कि लोग दूध बेचनेवाले को दूधवाला, बाल काटनेवाले को हज्जाम, अख़बार देनेवाले को हॉकर ही कहते हैं, उसके नाम से नहीं पुकारते; इसलिए प्रिंसिपल साहब को लोग प्रिंसिपल साहब ही कहते थे। उनका इतिहास यह था कि वे इतिहास में एम.ए. थे। मगर एम.ए. से पहले वे सिर्फ़ इंटर थे। जब वे इंटर थे तो उन्हें उन्हीं के गाँव के पास के एक क़स्बे के एक स्कूल में क्लर्क की नौकरी मिल गई थी। इत्तेफ़ाक़ से कुछ दिनों बाद वहाँ एक

टीचर की जगह ख़ाली हुई तो उन्हें टीचर बना दिया गया। फिर टीचर को मिलनेवाली सुविधा का लाभ उठाकर उन्होंने प्राइवेट तौर पर बी.ए. पास कर लिया। बी.ए. करते ही वे सी.टी. ग्रेड से एल.टी. ग्रेड में चले गए। तब उन्होंने प्राइवेट तौर पर ही इतिहास में एम.ए. कर लिया। महात्मा गांधी हाईस्कूल की तरह ही वह स्कूल भी अचानक इंटर कॉलेज बना और वे इतिहास के प्रवक्ता बन गए। ठीक दो साल बाद यहाँ प्रधानाध्यापक की जगह ख़ाली हुई (तब यह स्कूल ही था, कॉलेज नहीं बना था) तो उन्होंने आवेदन कर दिया। महात्मा गांधी इंटर कॉलेज को एक मुसलमान हेडमास्टर की ज़रूरत थी, इसलिए आवेदनकर्ताओं में जो तीन मुसलमान थे, उनका पैनल बना दिया गया। इनका नाम तीसरे नम्बर पर था। मगर ख़ुदा की क़ुदरत देखिए, पहले नम्बर वाले को किसी अच्छे शहर में एक इंटर कॉलेज की प्रिंसिपली मिल गई और वे नहीं आए। दूसरे नम्बरवाले ने स्कूल कैम्पस में रिहाइश की माँग कर दी, जो पूरी नहीं की जा सकी। इस तरह तीसरे नम्बर के कैंडीडेट का भाग्योदय हुआ। पहले वे हेडमास्टर कहलाए, फिर स्कूल के इंटर कॉलेज बनते ही प्रिंसिपल हो गए।

लेकिन प्रिंसिपल साहब अपने जीवन से सन्तुष्ट नहीं थे। छोटी जगह की समस्याएँ छोटी, बड़ी जगह की समस्याएँ बड़ी। उनका क़स्बा छोटा था, यह शहर बड़ा था। सो, यहाँ आते ही बड़े-बड़े वारदात हुए। छोटे-छोटे वारदात तो वहाँ भी हुए होंगे, पर छोटी चीज़ें चींटियों की तरह होती हैं। ग़ौर करें तो दिखेंगी, न करें तो पाँव के नीचे से ऐसे निकल जाएँगी कि भान भी न हो !

प्रिंसिपल साहब की तीन लड़कियाँ थीं और दो लड़के। यहाँ आते ही बड़ी लड़की एक पुलिसवाले से फँस गई। रिहाइश थाने की बग़ल में था। प्रिंसिपल साहब ने मकान बदला। मँझली लड़की मकान-मालिक के लड़के के साथ भाग गई। वह तो क़ुदरत का कमाल था, कि सुबह होते-होते वापस आ गई। घर की बात घर ही में रह गई। मगर प्रिंसिपल साहब ने फिर मकान बदल दिया और छोटी बेटी को गाँव पहुँचा दिया। गाँव फिर भी गाँव था। वहाँ इतनी नीचता नहीं थी। मगर आगे चलकर जब उन्हें पता चला कि उनका बड़ा बेटा गुंडई करता है और कोठे पर जाता है तो उन्होंने अपने को परिभाषित करना बन्द कर दिया। जीवन में जो कुछ भी घटा था या घट रहा था, उसे उन्होंने इतिहास समझा और यह सोचकर सन्तुष्ट हुए कि

इतिहास अपने आपको दुहराता है, यानी उनसे पहले ऐसी बातें दूसरे प्रिंसिपलों के साथ भी ज़रूर हुई होंगी।

प्रिंसिपल साहब के जीवन में जहाँ इतने सारे चढ़ाव-उतार थे, वहीं ख़ुद में वे बहुत दबंग क़िस्म के आदमी थे। शुरू-शुरू में तो रियाज़ुद्दीन टालवाले को भी वे कुछ नहीं समझते थे। बदमाश विद्यार्थियों के साथ इस तरह पेश आते कि एक झापड़ पड़ते ही कोई भी ज़मीन थाम लेता। मगर अब अनुभव ने उनके हाथ-पाँव बाँध दिए थे। अब तो रियाज़ुद्दीन टालवाले को देखते ही उनकी गांधी टोपी उतरकर मैनेजर के पाँवों पर पड़ जाती थी।

लेकिन, इसके बावजूद, प्रिंसिपल साहब एक अच्छे अध्यापक थे। हालाँकि वे प्रिंसिपल थे, मगर कक्षाएँ ज़रूर लेते थे। एक इंटर की और एक छोटे दर्जे की। थे तो इतिहास में एम.ए., पर अंग्रेज़ी ग्रामर पढ़ाने का उन्हें बेहद शौक़ था। हिन्दी से अंग्रेज़ी में ट्रांसलेशन करने की जो पद्धति उन्होंने ईजाद की थी, उससे गधे से गधा विद्यार्थी भी ट्रांसलेशन करना सीख जाता था।

प्रिंसिपल साहब ने इसी तरह की एक पद्धति बोर्ड परीक्षा से निपटने की भी बनाई थी। हुआ यूँ कि एक समय ऐसा आया जबकि बोर्ड की परीक्षाओं में नक़ल करना आम बात हो गई। इसके लिए विद्यार्थी गुंडागर्दी का सहारा लेने लगे। तब प्रिंसिपल साहब को एहसास हुआ कि युग के यथार्थ को झुठलाया नहीं जा सकता। उन्होंने बहुत सोच-समझकर यह व्यवस्था दी, कि नक़ल करने की सुविधा प्राप्त करने के लिए विद्यार्थी को एक निश्चित धनराशि का भुगतान करना होगा। व्यवस्था सफल हुई और महात्मा गांधी इंटर कॉलेज का नाम अख़बारों में छपने लगा। नगर का एकमात्र शान्त परीक्षा-केन्द्र।

प्रवक्ता-अंग्रेज़ी : सज्जाद साहब

महात्मा गांधी इंटर कॉलेज में प्रवक्ता पद पर कार्यरत अध्यापकों में सज्जाद साहब सबसे सीनियर थे। लम्बा क़द। दुबले-पतले। काला रंग। लगता था, नाइजीरिया से लौटे हैं। अंग्रेज़ी पढ़ाते थे। यानी लेक्चरर इन इंग्लिश। चूँकि कॉलेज मुसलमानों का था, इसलिए किताब खोलने से पहले सूर : फ़ातेहा... अलहमदुलिल्लाहे रब्बिल आलमीन का पाठ करते थे, फिर मिल्टन पर आते थे। विद्यार्थियों ने उनका नाम 'उलटा तवा' रख रखा था।

प्रवक्ता अर्थशास्त्र : फ़ारूक़ी साहब

फ़ारूक़ी साहब अर्थशास्त्र पढ़ाते थे और अर्थशास्त्र पर अमल भी करते थे। जब उन्हें किसी वस्तु की आवश्यकता होती थी तो पहले आवश्यकता के भेदों पर सोचते थे। आवश्यक आवश्यकता, आरामदायक आवश्यकता, विलासितापूर्ण आवश्यकता। चारपाई को चूँकि वे आरामदायक आवश्यकता मानते थे, इसलिए नौकरी लगने के बहुत सालों बाद तक उन्होंने चारपाई नहीं ख़रीदी थी। अब तो ख़ैर विक्की पर चलते थे। मगर जिस तरह कुछ मुसलमान बैंक से मिलनेवाले ब्याज़ को सूद नहीं समझते उसी तरह वे भी विक्की को विलासितापूर्ण आवश्यकता नहीं मानते थे। कहते थे, चूँकि इसके बिना वक़्त पर विद्यालय नहीं पहुँचा जा सकता, इसलिए यह आवश्यक आवश्यकता है।

फ़ारूक़ी साहब का हुलिया कुछ इस प्रकार था। नाटा क़द। साँवला रंग। शरीर दुबला। वज़ू बनाने के लिए आस्तीनें ऊपर करते तो लगता, कलाइयाँ नहीं, भिंडियाँ नज़र आ रही हैं। मगर लिबास के मामले में वे बहुत ही अनुशासित थे। हमेशा सूट-टाई में रहते थे। सिर्फ़ जुमावाले दिन कुर्ता-पाजामा और सदरी पहनते थे। जो लोग सिर्फ़ जुमा-जुमा नमाज़ पढ़ते थे, वे उनके लिबास को देखकर ही जुमा के दिन का विश्वास किया करते थे। फ़ारूक़ी साहब ने शादी तो की थी, मगर बहुत देर से। बच्चे हुए थे—दो। एक लड़की, एक लड़का। तनख़्वाह से घर का ख़र्च नहीं चलता था, इसलिए ट्यूशन करते थे। मगर किसी के घर जाकर नहीं। पढ़नेवाले उन्हीं के घर आते थे। बैठक में बाक़ायदा ब्लैकबोर्ड टाँग रखा था उन्होंने।

फ़ारूक़ी साहब थे तो अर्थशास्त्र के प्रवक्ता, मगर अर्थशास्त्र से ज़्यादा उन्हें मैथमेटिक्स पसंद था। यह मैथमेटिक्स का ही कमाल था कि वे सिगरेट का दाम बढ़ जाने के बाद एक सिगरेट को बीच से तोड़कर दो बार में पिया करते थे। भाषा उन्हें अंग्रेज़ी पसन्द थी और साहित्य उर्दू का। अंग्रेज़ी में वे देश के प्रसिद्ध अंग्रेज़ी समाचार-पत्र को 'लेटर टु एडिटर' वाले कॉलम के लिए पत्र लिखा करते थे, जिनमें से कुछ छप भी जाते थे। उर्दू साहित्य में वे इक़बाल को ग़ालिब से महान मानते थे। उनका विचार था कि इक़बाल सही अर्थों में राष्ट्रीय कवि थे। ऐसा शे'र केवल वही कह सकते थे :

यूनानो मिस्र रोमाँ सब मिट गए जहाँ से
बाक़ी मगर है अब तक नामोनिशाँ हमारा

विद्यार्थियों ने फ़ारूक़ी साहब का नाम 'झक्की मास्टर' रख रखा था।

प्रवक्ता वाणिज्य : अब्दुस्सलाम साहब

अब्दुस्सलाम साहब कॉमर्स पढ़ाते थे। सरकारी काग़ज़ात में उन्हें 'प्रवक्ता वाणिज्य' के नाम से जाना जाता था। नाम उनका प्रायः अब्दुल सलाम लिखा जाता था। लोग तो सिर्फ़ सलाम साहब कहा करते थे। 'सलाम साहब' कहने से कभी-कभी उन्हें ऐसा भ्रम होता था कि सामनेवाला उन्हें सलाम कर रहा है और वे वालेकुम सलाम कह बैठते थे। सलाम साहब का क़द नाटा था। रंग साँवला। पहले पैंट में क़मीज़ दाबकर पहनते थे, मगर हज से लौटने के बाद पाजामा-कुर्ता पहनने लगे थे। पान खाने के शौक़ीन थे, सो कुर्ते का दामन कत्थे के धब्बों से सदैव भरा रहता था।

महात्मा गांधी इंटर कॉलेज की नौकरी सलाम साहब के लिए साइड बिज़नेस की तरह थी; उनका मुख्य बिज़नेस तो बिज़नेस था। वे पेंट का बिज़नेस करते थे, जिसमें लाखों का वारा-न्यारा था। नगर में उनके तीन मकान थे। कॉलेज से जितनी तनख़्वाह वे स्वयं पाते थे, उससे थोड़ी कम तनख़्वाह वाले तीन नौकर उनकी फ़र्म में काम करते थे। व्यापार की व्यस्तताओं के कारण ही सलाम साहब कभी वक़्त पर कॉलेज नहीं आ पाते थे।

विद्यार्थियों ने उनका नाम 'बटखऊ' रख रखा था।

हिन्दी के सेवामुक्त प्रवक्ता : गुप्ता जी

महात्मा गांधी इंटर कॉलेज में केवल चार प्रवक्ता थे, जिनमें से हिन्दी के प्रवक्ता गुप्ता जी रिटायर हो गए थे। जमील उन्हीं का उत्तराधिकारी था। गुप्ता जी के बारे में लोग बताते थे कि वे समय के बहुत पाबन्द थे। घंटा बजते ही कक्षा में चले जाते थे और अगला घंटा बजते ही कक्षा से बाहर आ जाते थे। वे जिस किताब से पढ़ाते थे, उसका कोई पन्ना साफ़ नहीं होता था। हर पन्ने पर शब्दों के अर्थ वग़ैरह लिखे होते थे। हुलिया उनका कुछ इस प्रकार था। चौड़े पायँचे का पाजामा, हाफ़ शर्ट, सिर पर गांधी टोपी।

जाड़ों में उसी वेश के ऊपर काला कोट। कपड़े वे शायद ही कभी धोते-धुलवाते हों। टोपी में तेल के इतने धब्बे थे कि यह विश्वास ही नहीं होता था कि यह कभी सफ़ेद रंग की रही होगी।

गुप्ता जी के कन्धे से हमेशा एक थैला झूलता रहता था, जिसमें उनका हाज़िरी रजिस्टर, कोर्स की किताबें, घर के लिए ख़रीदी गई ज़रूरी चीज़ें और इनके अलावा नारियल का एक गोला भी होता था, जिसे तोड़-तोड़कर वे हमेशा चबाते रहते थे। चूँकि वे नाक से बोलते थे, इसलिए विद्यार्थियों ने उनका नाम 'नकनके पंडी जी' रख रखा था। जमील चूँकि उन्हीं का वारिस था, इसलिए उसे अपने नामकरण का बहुत शदीद इन्तज़ार था।

एल.टी. और सी.टी. ग्रेड के प्रमुख अध्यापक

कॉलेज में सबसे अधिक संख्या इन्हीं अध्यापकों की थी। यहाँ सबका परिचय देना संभव नहीं है, अतः कुछ अध्यापकों के परिचय से ही सन्तोष करना होगा।

सिद्दीक़ी साहब

सिद्दीक़ी साहब बहुत लोकप्रिय अध्यापक थे। महात्मा गांधी इंटर कॉलेज ही नहीं, नगर के सभी विद्यालयों के लोग उन्हें जानते थे। स्वभाव से वे क्रान्तिकारी थे। साथ में मिलनसार, व्यावहारिक और अपने दुश्मन तक की मदद करनेवाले। मगर प्रिंसिपल साहब और प्रबन्ध-समिति के लोग उनसे बेहद चिढ़ते थे। कारण यह कि व्यवस्था से समझौता करके रहना उन्हें क़तई नापसन्द था और आए दिन उन लोगों से उनका झगड़ा होता रहता था। सिर्फ़ प्रिंसिपल साहब से ही अब तक तेरह बार लिखा-पढ़ी हो चुकी थी।

सिद्दीक़ी साहब का परिवार बहुत लम्बा था। कई-कई भाई, कई-कई बहनें। उनके अलावा पिता पक्ष और माता पक्ष की रिश्तेदारियाँ। किसी ज़माने में—शायद मध्यकाल में—इनके पास दुअन्नी भर की ज़मींदारी भी थी। मगर अब भी किसी बात की कमी नहीं थी। सबसे बड़ा गर्व तो उन्हें अपने सिद्दीक़ी होने पर था। मुसलमानों में जितनी भी तथाकथित नीची जातियाँ होती थीं उन सबसे उनको सख़्त परहेज़ था। लेकिन सिद्दीक़ी साहब इतने

अच्छे अध्यापक थे कि विद्यार्थियों ने अब तक उनका कोई नाम नहीं रखा था।

अंसार अहमद साहब

अंसार अहमद साहब सिद्दीक़ी साहब के दूर के रिश्तेदार थे। शायद मध्यकाल में इनका परिवार भी ज़मींदार था। वे तो अब भी अपने आपको ज़मींदार मानते थे। जातिगत श्रेष्ठता पर उन्हें सिद्दीक़ी साहब से भी ज़्यादा आस्था थी। तथाकथित नीची जाति के मुसलमानों से वे नफ़रत करते थे। उनके बारे में अंसार साहब के पास तरह-तरह के चुटकुले थे, जिन्हें वे अक्सर सुनाते रहते थे। रुई धुननेवाली धुनिया जाति के सम्बन्ध में उनके पास एक ऐसी कथा थी जिसमें राजा और मंत्री दोनों धुनिया थे और जब दोनों को एक दूसरे के बारे में पता चला तो उन्होंने भरे दरबार में एक दूसरे की पोल खोलने की कोशिश इस तरह की :

मंत्री—कहो तो कह दूँ कहो तो कह दूँ कहो तो कह दूँ

राजा—कह दे साले कह दे साले कह दे साले

इन पंक्तियों में अंसार साहब को 'धुनकी' से निकलनेवाली आवाज़ की लयात्मकता नज़र आती थी। उन्होंने मुसलमान जुलाहों के सलाम करने की एक नई पद्धति का आविष्कार किया था, जो इस प्रकार थी :

सलाम : तारमलुक्कम बारिक ताला

सलाम का जवाब : नरही सटकिया सल्लल्ला।

अंसार साहब अंग्रेज़ी में एम.ए. थे। न सिर्फ़ एम.ए. थे, बल्कि अंग्रेज़ी बहुत अच्छी जानते थे। बोलते वक़्त तो एकदम अंग्रेज़ों की तरह बोलने की कोशिश करते थे। उन्हें इस बात का बेहद दुख था कि इतनी अच्छी अंग्रेज़ी जानते हुए भी वे महात्मा गांधी इंटर कॉलेज जैसी घटिया जगह में फँसे हुए हैं। कई बार उन्होंने पी-एच.डी. करने की कोशिश भी की, मगर डिवीज़न के तीन डंडे हमेशा बैरियर बनकर अड़ते रहे। अंग्रेज़ी के अलावा उर्दू और कुछ-कुछ फ़ारसी पर भी उनकी पकड़ थी। जमील से बोलते वक़्त खाँटी हिन्दी का प्रयोग किया करते थे। इस तरह अपने को वे बहुमुखी प्रतिभाशाली मानते थे।

विद्यार्थियों ने उनका भी कोई नाम नहीं रखा था। मगर इसलिए नहीं,

कि उन्हें वे बहुत चाहते थे, बल्कि इसलिए कि अधिकांश उनके घर ट्यूशन पढ़ा करते थे।

मुमताज़ साहब

मुमताज़ साहब आर्ट मास्टर थे। शिक्षा कोई ज़्यादा नहीं थी, सिर्फ़ इंटरमीडिएट थे; मगर आर्ट की एक विशेष योग्यता के चलते नौकरी मिल गई थी। डहेलिया का फूल वे बहुत अच्छा बनाते थे। पत्रिकाओं से देखकर ख़ूबसूरत स्त्रियों की तस्वीरें भी बना लेते थे। विद्यार्थियों को तो यही फावड़ा, बैगन और कुछ फूल वग़ैरह बनाना ही सिखाना होता था।

मुमताज़ साहब की शिक्षा तो बस यही थी, मगर वे रहते इस शान से थे कि यूनिवर्सिटी के प्रोफ़ेसर लगते थे। हमेशा धुली हुई, इस्तरी की हुई क़मीज़ और पैंट पहनते थे। प्रतिदिन ड्रेस चेंज करते थे। जूते भी। जूतों पर पॉलिश रोज़ करते थे। जाड़ों में कभी-कभी सूट और अक्सर पैंट के ऊपर किसी दूसरे रंग का कोट पहनकर आते थे। मगर टाई हमेशा। टाई भी प्रतिदिन बदल जाती थी। मतलब यह कि सॉफ़िस्टिकेशन को वे बहुत अहमियत देते थे।

मुमताज़ साहब किसी धन्नासेठ के यहाँ पैदा नहीं हुए थे, मगर उनके वालिद बुज़ुर्गवार अपने ऐसे वालिद के बेटे थे जिन्हें लोग बहुत बड़े पीर मानते थे। सो, मुमताज़ साहब अपने दादा के सज्जादानशीन थे। उनके यहाँ मुरीद लोग ख़ुद बख़ुद बहुत कुछ पहुँचा जाया करते थे। ससुर भी धनी थे। अपनी एकमात्र बेटी के लिए कुछ भी करने को वे हमेशा तैयार रहते थे। इस तरह मुमताज़ साहब जो कुछ थे वे अपनी पुश्तैनी विरासत की वजह से थे, न कि महात्मा गांधी इंटर कॉलेज की अपनी नौकरी की वजह से।

विद्यार्थियों ने इनका भी कोई नामकरण नहीं किया था, क्योंकि उनमें से बहुतों की अम्माएँ मुमताज़ साहब के दादा के मज़ार पर चादरें चढ़ाती थीं और मन्नतें मानती थीं।

ख़ाँ साहब : यानी साइंस टीचर

जनाब इक़रार हुसैन ख़ाँ। सांइस पढ़ाते थे, इसलिए साइंस टीचर कहलाते थे।

हमेशा भोजपुरी बोलते थे। कक्षा में भी। 'भँड़ुआचोद' उनका तकिया कलाम था। बग़ैर इस शब्द के उनका कोई भी वाक्य पूरा नहीं होता था। छात्रों और अध्यापकों से लेकर प्रिंसिपल साहब तक से बात करने में वे 'भँड़ुआचोद' शब्द का प्रयोग धड़ल्ले से करते थे। गाँव में घर था। खेती-बाड़ी भी अच्छी थी। नौकरी शौक़िया कर रहे थे। डर किसी बात का नहीं था। इसलिए गुस्सा बहुत आता था। ख़ाँ साहब जब ग़ुस्से में होते तो अक्सर कहा करते : 'हमरे बावन बिगहा में त पोदीना बोवल हौ।'

ख़ाँ साहब सदैव पाजामा-कुर्ता पहनते थे। पाजामा चौड़े पायँचे का और कुर्ते का रंग मक्खनी। बीड़ियाँ बहुत पीते थे। पान भी ख़ूब खाते थे। नगर में उन्होंने किराये का एक मकान ले रखा था, जिसमें अपने एक चचेरे भाई और एक भाँजे के साथ रहा करते थे। चचेरा भाई वसीम ख़ाँ और भाँजा इकराम ख़ाँ—दोनों मिलकर सुबह-शाम खाना बनाते थे। वे दोनों भी महात्मा गांधी इंटर कॉलेज में पढ़ाते थे।

ख़ाँ साहब कक्षा में बहुत कम जाते थे। उनका सिद्धान्त था कि अधिक पढ़ाने से छात्रों की बुद्धि भ्रष्ट हो जाती है और अध्यापक बुढ़ापे में ख़ून थूकने लगता है। एक रोज़ जमील को भी उन्होंने समझाया था, 'ई भँड़ुआचोद न सुधरिहैं हो, काहे आपन करेजा जरावत हउवै ?'

ख़ाँ साहब अपने बारे में कहते थे कि 'हम ठाकुर हैं। हमारा ख़ानदान ठाकुर से मुसलमान हुआ है।' मगर ठाकुरों तो क्या सभी हिन्दुओं से वे इस क़दर जलते थे कि उनका नाम लेना भी पसन्द नहीं करते थे। कॉलेज के अध्यापक श्री चन्द्रशेखर जी के बारे में बात करते हुए हमेशा वे उन्हें 'ऊ चोटी वाला' कहा करते थे। कभी-कभी अपने सिर पर हाथ ले जाकर चोटी का संकेत भी करते थे। मगर नाम नहीं लेते थे।

विद्यार्थियों ने उनका नाम 'भँड़ुआचोद' रख रखा था।

स्प्रिंग मास्टर

यह नाम विद्यार्थियों का रखा हुआ था। वैसे उनका नाम इलियास अहमद था। इलियास साहब अंग्रेज़ी में एम.ए. थे। मगर महात्मा गांधी इंटर कॉलेज में वे सी.टी. ग्रेड के अध्यापक थे और उनसे सामाजिक विज्ञान पढ़वाया जाता था। पढ़ाते समय और वैसे भी उनका कोई अंग सीधा नहीं रहता था; वे

हमेशा उछलते-से रहते थे, इसीलिए उन्हें यह नाम मिला था। कक्षा में वे चाक का उपयोग अत्यन्त फ़राख़दिली के साथ किया करते थे, जिसका नतीजा यह होता था कि उनके कपड़े हमेशा चाक की डस्ट से सने होते थे।

इलियास साहब वैसे तो पैंट-शर्ट ही पहनते थे, मगर जाड़ों में एक सूट पहनकर विद्यालय आते थे, जिसे उन्होंने अपनी शादी में सिलवाया था। पाँवों में अक्सर हवाई चप्पलें होती थीं। चूँकि तनख़्वाह बहुत कम थी इसलिए उन्होंने घर में अपना एक साइड बिज़नेस भी खोल रखा था। नगर के थोक विक्रेताओं के यहाँ से वे बनियान, मोज़े, रूमाल और मफ़लर वग़ैरह लाकर रख लेते थे, जिन्हें मुहल्लेवालों के हाथों बेचा करते थे। लेकिन कॉलेज के अध्यापकों को ये चीज़ें गिफ़्ट में मिला करती थीं। दरअस्ल इलियास साहब अपना मज़ाक़ उड़ाये जाने से बहुत घबराते थे, इसलिए जिस दिन भी ऐसा होता कि कोई अध्यापक छात्रों को 'स्प्रिंग स्प्रिंग' कहते सुन लेता, उसी दिन शाम को उसके घर कोई न कोई गिफ़्ट पहुँच जाता।

राइट बन्धु

राइट बन्धुओं ने हवाई जहाज़ बनाया था। ऑलिवर राइट और विलवर राइट दो सगे भाइयों का ऐसा कारनामा फिर सामने नहीं आया। आया तो बस महात्मा गांधी इंटर कॉलेज में।

फ़ैज़ुल्ला और सैफ़ुल्ला सगे भाई थे। फैजू और सैफू के नाम से जाने जाते थे। फैजू बड़े थे, सैफू छोटे। फैजू सिर्फ़ बी.ए. थे, मगर सैफू ने दो-दो एम.ए. कर रक्खे थे। राजनीतिशास्त्र और समाजशास्त्र में। फैजू की एक आँख पत्थर की थी। दूसरी आँख भी न के बराबर ही थी। मोटे लेंस का चश्मा लगाते थे। फैजू डाइबिटीज़ के रोगी थे। तिस पर खुजली, फुंसियाँ, घाव वग़ैरह अलग से। एक तो तितलौकी, दूसरे नीमचढ़ी। अपनी अँगुलियों में सदा वे नीले रंग की कोई दवा पोते रहते थे। सैफू का स्वास्थ्य अच्छा था। गठीला बदन। गोरा रंग। चौड़ी छाती। भुजाएँ मांसल। अपने बड़े भाई को साइकिल के कैरियर पर बिठाकर वे ही लाते ले जाते थे।

इन दोनों भाइयों ने कोई हवाई जहाज़ तो नहीं बनाया, मगर इनकी मान्यता थी कि महात्मा गांधी इंटर कॉलेज को बनाने में इन्हीं का हाथ रहा है। कॉलेज की जब इमारत बन रही थी तो एक भाई चन्दा वसूलता था,

दूसरा मज़दूरों पर निगरानी रखता था।

जुलाई के महीने में विद्यार्थियों की खोज में दोनों भाई निकलते थे। सबसे बड़ी बात तो यह कि इन्हीं दोनों के सद्प्रयासों से इस कॉलेज में अब कुछ हिन्दू छात्र भी आने लगे थे। फैजू की एक ज़िम्मेदारी यह भी थी कि मैनेजर को वे कॉलेज की दैनंदिनी बताते थे। सैफू मैनेजर के अन-ऑफ़ीशियल सन्देश कॉलेज में सुनाते थे। इस तरह दोनों भाई मिलकर जी-जान से विद्यालय की सेवा कर रहे थे। उन दिनों वे महात्मा गांधी इंटर कॉलेज को अल्पसंख्यक विद्यालय का दर्जा दिलाने के लिए प्रयासरत थे।

फैजू नेता भी थे। किस पार्टी के, यह तो पता नहीं, मगर खद्दर पहनते थे। सत्ता पक्ष के बड़े-बड़े नेताओं से अपना सम्बन्ध बताते थे। किसी का भी, कोई भी काम करा देने का दावा करते थे। प्रिंसिपल साहब के गाँव में जब उनका मकान बन रहा था तो अवैध ढंग से सीमेंट की बोरियाँ फैजू ने ही दिलवाई थीं।

फैजू और सैफू भाई नहीं, मित्र लगते थे। वे जहाँ जाते, साथ जाते। साथ उठते, साथ बैठते, साथ खाते। कभी-कभी तो—अक्सर जाड़ों में—एक जैसे कपड़े भी पहनते। इन दोनों को देखते ही भाई-भाई का दुश्मन होता है नामक उक्ति पछाड़ खाकर गिर पड़ती थी।

फैजू और सैफू ने अपनी शादियाँ भी दो सगी बहिनों से की थीं। कहते हैं, सिर्फ़ ढाई किलो गोश्त में इनकी शादी हो गई थी। इनके ससुर भी नगर के एक इंटर कॉलेज में ही थे। मगर अध्यापक नहीं, हेडक्लर्क। बेटियों की शादी के बाद कुछ विक्षिप्त-से हो गए थे और उन दिनों लम्बी छुट्टी पर चल रहे थे। वे अक्सर महात्मा गांधी इंटर कॉलेज के अध्यापकों और छात्रों के नाम खुले पत्र भेजा करते थे, जो इन दोनों दामादों की निन्दा से भरे होते थे। अपने प्रायः हर पत्र में वे फैजू के लिए एक शे'र लिखा करते थे—

इक चश्म है ख़ुर्शीद दिगर चश्म है गुच्ची
अल्ला मियाँ ने ले ली है इक आँख समुच्ची

उनका आरोप था कि ये दोनों उनकी बेटियों को भगा ले गए हैं।

फैजू इतिहास पढ़ाते थे और सैफू नागरिकशास्त्र। दोनों भाइयों के पढ़ाने का तरीक़ा एक ही था। वे किताब से बोल-बोलकर लिखवाया करते थे। जब कोई शब्द विद्यार्थियों की समझ में नहीं आता था तो ये उसे स्वयं ब्लैकबोर्ड पर लिख देते थे। लेकिन फैजू के साथ एक दिक्कत थी, कि वे ए-ऐ और

ओ-औ की मात्राएँ ठीक से नहीं लगा पाते थे। स्प्रिंग मास्टर का कहना था कि फैजुल्ला साहब की ये मात्राएँ एकदम पेंचकश जैसी लगती हैं। चूँकि उनके नाम में भी ऐ की मात्रा का झंझट था, इसलिए वे अपना नाम हमेशा उर्दू या अंग्रेज़ी में लिखा करते थे। कभी जब हिन्दी में लिखना बहुत जरूरी होता तो अपने छोटे भाई से बहुत रौब के साथ कहते, "ए सैफ, यहाँ मेरा नाम लिख दो तो।" सैफू अपने बड़े भाई की बहुत इज़्ज़त करते थे। लिख देते थे। फैजू गर्व के साथ कहते, "मैं नहीं तो क्या, मेरा भाई तो डबल एम.ए. है।"

फैजू थे तो बी.ए., मगर उन्हें प्रिंसिपल होने का बड़ा शौक़ था। इसलिए, जिस दिन प्रिंसिपल साहब छुट्टी पर होते, कॉलेज के अध्यापक उन्हें प्रिंसिपल की कुर्सी पर बिठा देते। बस, फिर क्या था ? चाय आ रही है। गरम-गरम समोसे आ रहे हैं। पान-सिगरेट की तो पूछिए ही नहीं। पूरा कॉलेज धन्य-धन्य हो उठता था।

विद्यार्थियों ने उनका नाम याजूज-माजूज रख रखा था। पहले तो फैजू और सैफू को यह बहुत बुरा लगा, मगर जब उन्हें बताया गया कि याजूज-माजूज का ज़िक्र क़ुरआन-शरीफ़ में हुआ है तो उनकी नाराज़गी काफूर हो गई।

हिन्दू टीचर

हिन्दू टीचर इसलिए कि वे टीचर नहीं, हिन्दू टीचर थे। जैसे हिन्दूबहुल विद्यालयों में पढ़ानेवाला मुसलमान मुसलमान टीचर होता है। कॉलेज में वे अलग-थलग माने जाते थे। अतः अलग-थलग रहते भी थे। उन्हें हर मौक़े पर इसी तरह याद किया जाता था। यानी हिन्दू टीचर। बाहर से कोई आता तो पूछता, "आपके विद्यालय में हिन्दू टीचर कितने हैं ?" किसी अध्यापक के घर कोई आयोजन होता तो लोग कहते, "हिन्दू टीचरों में से किसको-किसको बुला रहे हैं ?" कॉलेज में जब कोई बात होती तो यह जानते हुए भी कि यहाँ तिवारी जी, शर्मा जी वग़ैरह भी हैं, कहा जाता, "अरे भाई, हिन्दू टीचर भी तो हैं।"

हिन्दू टीचरों में सबसे सीनियर थे चन्द्रशेखर जी। चन्द्रशेखर जी भूगोल पढ़ाते थे। उनकी दो पत्नियाँ थीं। एक गाँव में, दूसरी उनके साथ रहती थी

और नगर के एक अस्पताल में नर्स का काम करती थी। लेकिन उनके शत्रुओं का कहना था कि असल में वह एक मिडवाइफ़ क़िस्म की औरत है और उसका मुख्य पेशा है अवैध गर्भ गिराना। चन्द्रशेखर जी इस मामले में हमेशा यही कहते हुए पाए जाते थे कि भई, हाथी अपनी राह चला जाता है, कुत्ते भौंकते रहते हैं।

चन्द्रशेखर जी मौलवी फ़ैयाजुद्दीन यानी कॉलेज के मैनेजर के बहुत ख़ास आदमी थे। वे रोज़ उनकी गद्दी पर अपनी हाज़िरी देते थे और प्रिंसिपल साहब से लेकर चपरासियों तक की शिकायत किया करते थे। चन्द्रशेखर जी के घर में दो भैंसें थीं। दुधारू। वे जाति के कुर्मी थे। सो, नगर की सब्ज़ी मंडी से वसूली का अधिकार भी उन्हीं के पास था। वसूली में मौसमी सब्ज़ियाँ ख़ूब मिल जाती थीं। चूँकि उन्हें इस बात पर पक्का विश्वास था कि मिल-बाँटकर खाना चाहिए, इसलिए आधी सब्ज़ियाँ घर में और आधी मैनेजर साहब के यहाँ जाती थीं। सुबह शाम दो-दो किलो ताज़ा दूध भी।

चन्द्रशेखर जी पढ़ाते कैसा थे यह तो पता नहीं, मगर जमील को लगा कि मुसलमानों से बात करते समय वे ज के नीचे बिन्दी ज़रूर लगा लेते थे। मसलन जमील को ज़मील साहब कहते थे। कोई काम करने या न करने के लिए वे हमेशा मज़बूर होते थे। मजबूर नहीं। लेकिन ज़िन्दगी को वे सदैव जिन्दगी ही बोलते थे। वे जलील को ज़लील कर सकते थे मगर अपनी जरूरत को ज़रूरत नहीं बना सकते थे। इसके अलावा उनकी एक समस्या और भी थी। वह यह, कि उनके लिए हर समस्या 'शमस्या' हुआ करती थी ! अर्थात् स को हमेशा वे श ही बोला करते थे।

विद्यार्थियों ने उनका नाम 'शमश्या माट्साब' रख रखा था।

शर्मा जी हाई स्कूल की कक्षाओं को हिन्दी पढ़ाते थे। भले मानुष ! ठेठ गँवई। धोती-कुर्ता पहनते थे। जाड़ों में इसी वेश के ऊपर बन्द गले का कोट। हमेशा बाटा की चप्पलें, मगर बारिश में रबर के बरसाती जूते। गाँव से आते-जाते थे। कोई पास नहीं था, डब्ल्यू टी ही चलते थे। रेलवे अधिकारियों से बनाकर रखा था।

कॉलेज में सिमटे हुए-से रहते थे। प्रिंसिपल के कमरे में कभी-कभी ही घुसते थे। अध्यापकों से बातें भी कम करते थे। लोगों के अनुसार बड़े घुन्नहे। चन्द्रशेखर का चमचा। दरअस्ल एक बार रँगे हाथों पकड़े गए थे। चन्द्रशेखर जी की भैंस बीमार थी और ये गए थे उसे लेकर पशु-चिकित्सालय।

विद्यार्थियों ने इनका नाम 'धोती मास्टर' रख रखा था।

तिवारी जी गणित पढ़ाते थे और सबको अपने ठेंगे पर रखते थे, यह बात शायद बताई जा चुकी है। वे वाक़ई जीनियस थे, मगर मुँहफट होने की वजह से हर मोर्चे पर हार जाते थे। मैनेजर को गालियाँ देते थे इसलिए सी.टी. ग्रेड से एल.टी. ग्रेड में प्रोमोशन नहीं हुई। हालाँकि पढ़ाते हाईस्कूल में थे। प्रिंसिपल साहब से झगड़ पड़ते थे, इसलिए हमेशा टेंथ-सी के क्लास टीचर बनाए जाते थे। इस क्लास में एक-से-एक छँटे हुए बदमाश विद्यार्थी होते थे। जनाब फ़ैजुल्लाह साहब को कभी उनके नाम से नहीं पुकारा, हमेशा या तो कनऊ कहा या फिर जब कभी सुसभ्य हुए, एकाक्ष। सो दोनों भाइयों ने नगर-भर में उनकी इमेज ख़राब करके रख दी। तिवरिया शराब पीता है, रंडीबाज़ है...वग़ैरह वग़ैरह। हालाँकि ये बातें एकदम झूठ नहीं थीं।

लेकिन मास्टर वे पक्के थे। पढ़ाते अच्छा थे। इसलिए विद्यार्थियों ने उनका कोई नाम नहीं रखा था।

महात्मा गांधी इंटर कॉलेज में दो अन्य हिन्दू अध्यापक भी थे, मगर चूँकि वे मुसलमान अध्यापकों से मिले हुए थे और स्वभाव से एकदम गऊ बराबर थे, इसलिए उनका होना न होना बराबर माना जाता था।

ऐसे अध्यापक, जो थे भी और नहीं भी

महात्मा गांधी इंटर कॉलेज में दो अध्यापक ऐसे भी थे, जिनके बारे में यही कहा जा सकता है कि वे थे भी और नहीं भी। निसार साहब और हाशिमी साहब। निसार साहब का क़िस्सा यह था कि वे फ़ीज़िक्स पढ़ाते थे और एक साल उनका रिज़ल्ट ज़ीरो परसेंट आया। इत्तेफ़ाक़ से उसी साल उनकी ई.बी. क्रास होनी थी। इफ़ीशिएंसी बार। यानी दो रुपए की इंक्रीमेंट। विद्यालय की प्रबन्ध समिति ने वह नहीं दी उन्हें। बस, निसार साहब ने क्या किया कि विद्यालय पर मुक़दमा ठोंक दिया। मुक़दमा अभी तक चल रहा था। वे नियमित रूप से कक्षाएँ लेते थे, मगर वेतन नहीं ग्रहण करते थे। कहते थे, जब तक इंक्रीमेंट नहीं मिलेगा, वेतन नहीं लूँगा।

और हाशिमी साहब ! उनका मामला यह था कि वे महात्मा गांधी इंटर कॉलेज में मनोविज्ञान-प्रवक्ता के रूप में नियुक्त हुए। मगर थे वे प्रिंसिपल साहब के गाँव के पासवाले गाँव के और शिया थे। उस गाँव के शियाओं ने

प्रिंसिपल साहब को बहुत परेशान किया था। किसी ज़माने में प्रिंसिपल साहब के ख़ानदान में भी ताज़ियादारी होती थी, मगर उन्होंने बन्द करा दी थी। सो, प्रिंसिपल साहब का हाल यह था कि शियाओं से उनकी एक भैंस की लाग थी। हाशिमी साहब की नियुक्ति होते ही उन्होंने कुछ ऐसी दबंगई दिखाई कि एक भी विद्यार्थी ने इंटर में मनोविज्ञान विषय लेने की हिम्मत ही नहीं की। सो, अब आलम यह था कि हाशिमी साहब घर बैठे तनख़्वाह ले रहे थे। महात्मा गांधी इंटर कॉलेज के टाइम टेबुल में सिर्फ़ उनका नामोल्लेख भर मिलता था।

हिन्दी का मुसलमान टीचर

जमील को उस कॉलेज में इसी रूप में जाना जाता था। मुसलमानों को इस बात की आश्चर्यमिश्रित ख़ुशी थी कि उनकी बिरादरी के एक युवक ने न सिर्फ़ हिन्दी में बल्कि संस्कृत में भी ऐसी योग्यता अर्जित की थी, जिसके बल पर उसने महात्मा गांधी इंटर कॉलेज में किसी हिन्दू को नियुक्त होने से रोक दिया था। वे उसे जमील साहब न कहकर पंडित जी कहा करते थे। चूँकि वह कविताएँ भी लिखता था, इसलिए हिन्दू अध्यापक उसे कवि जी कहते थे। विद्यार्थियों द्वारा नामकरण होना अभी बाक़ी था।

जमील का जी उस कॉलेज में उकता रहा था। वहाँ का माहौल उसे रास नहीं आ रहा था। फिर, उसकी इच्छा थी कि वह किसी यूनिवर्सिटी या डिग्री कॉलेज में अध्यापन-कार्य करे जहाँ बौद्धिक बहसें होती हों, गम्भीर विचार-विमर्श होता हो। इस तरह का फूहड़पन तो वहाँ न होगा। इसलिए अब भी वह अख़बार में 'वांटेड' वाला कॉलम ज़रूर देखता था और जहाँ कहीं भी डिग्री कॉलेज या यूनिवर्सिटी में हिन्दी व्याख्याता का स्थान निकलता, वह तत्काल अपना आवेदन-पत्र भेज देता। जिस शहर में वह रहता था वहाँ की यूनिवर्सिटी में तो कोई चांस नहीं था, यह वह अच्छी तरह समझ चुका था। यहाँ तक कि यासमीन का होना भी वहाँ लगभग असंभव था, क्योंकि परिस्थितियाँ बदल चुकी थीं। और जब देश के एक बड़े शहर की यूनिवर्सिटी से उसके नाम इंटरव्यू का पत्र आया तो वह बेतहाशा ख़ुश हो उठा। उसने तत्काल रेलवे-टाइमटेबुल खोला और गाड़ियों के बारे में पता करने लगा। मगर यह देखकर थोड़ा हताश हुआ कि अधिकांश गाड़ियाँ या तो 'मेल' थीं

या फिर 'एक्सप्रेस', जिनका किराया उसकी हैसियत से कहीं ज़्यादा था।

बड़ी जद्दोजहद के बाद जब उसे एक सस्ते किरायेवाली ट्रेन का नाम भी टाइमटेबुल में मिल गया तो वह इस क़दर ख़ुश हुआ कि अपनी छपी हुई रचनाओं को वह उसी वक़्त एक बैग में रखने लगा।

वह पूरी रात उसने सपनों में काटी और यह कल्पना करता रहा कि जब वह कक्षा लेने के लिए यूनिवर्सिटी में जाया करेगा तो कैसा दिखेगा !

फिर अचानक उसे नींद आ गई और सारा कल्पनालोक, स्वप्नलोक से होता हुआ न जाने किस तीसरे लोक में गुम हो गया।

8

रोज़े के दिन थे। लोगों को विचार-विमर्श का मौक़ा इफ़्तार के बाद ही मिलता था। दिन-भर तो वैसे ही कलेजा जलता था। शाम को पेट में चटपटी चीज़ों के जाते ही बुद्धि का द्वार खुलता था। यासमीन का उस दिन बारहवाँ रोज़ा था। वैसे शायद सत्रहवाँ या अठारहवाँ था। बीच में मासिक धर्म की वजह से उसे अपना रोज़ा तोड़ना पड़ा था। इनकी पूर्ति ईद के बाद की जाएगी। इफ़्तार और मग़रिब की नमाज़ के बाद सभी लोग आँगन में बैठे थे। डॉ. सादिक़ सिगरेट के कश ले रहे थे और यासमीन के वालिद पान गुलगुला रहे थे। बच्चे अब तक कबाब लिये घूम रहे थे।

"शन्नो !"

डॉ. सादिक़ ने सिगरेट का टोंटा फेंकते हुए आवाज़ दी तो शन्नो दुपट्टे में अपने हाथ पोंछती हुई हाज़िर हो गई। वह बावर्चीख़ाने में अपनी भाभी की मदद कर रही थी।

"जी, भाई साहब !"

"बैठो।"

शन्नो अपने भाई की चारपाई पर पायताने की तरफ़ बैठ गई।

"तुम उस समता या समानता महाविधयालया में कब तक पड़ी रहोगी ? क्या किसी अच्छी जगह के लिए कोशिश कर रही हो ?"

"अच्छी जगह ?" यासमीन चौंकी। "अच्छी जगह तो भाई साहब, सिर्फ़ यूनिवर्सिटी है ! मगर आप जानते हैं कि वहाँ कितनी पॉलिटिक्स होती है।"

"यूनिवर्सिटी में भला क्या अच्छाई है ?" यासमीन के वालिद ने पान की पीक निगलते हुए दरयाफ़्त की तो डॉ. सादिक़ ने उन्हें सविस्तार

समझाया :

"डिग्री कॉलेज का लेक्चरार सिर्फ़ लेक्चरार ही रह जाता है, जबकि यूनिवर्सिटी का लेक्चरार कुछ दिनों के बाद रीडर होता है। फिर वह प्रोफ़ेसर और हेड ऑफ़ दि डिपार्टमेंट भी होता है, आगे चलकर वह डीन भी होता है। और तो और, वह प्रो-वाइस चांसलर क्या वाइस चांसलर तक हो सकता है।"

"तब तो भई, शन्नो के लिए कुछ करो। इसे तुम वाइस चांसलर बनवा दो।" वालिद साहब की इस बात पर सभी लोग हँस पड़े।

"पिछले दिनों किसी यूनिवर्सिटी में हिन्दी लेक्चरार का एक इश्तहार निकला है, तुम्हें मालूम है ?" डॉ. सादिक़ ने ज़रा गम्भीर होकर यासमीन से पूछा।

"जी, मालूम है।"

"तुमने अप्लाई किया ?"

"जी नहीं।"

"तो सुनो, कल ही तुम ख़त लिखकर फ़ार्म मँगा लो और अप्लाई कर दो। यहाँ की यूनिवर्सिटी में तो तुम्हारा होने से रहा। हेड और वी.सी. दोनों साले बड़े तास्सुबी हैं। तुम्हारे पहलेवाले हेड तो चेंज हो गए हैं, जिनके साथ तुमने पी-एच.डी. की थी। ख़ैर, वहाँ की लास्ट डेट अभी ख़त्म तो नहीं हुई है न ?"

"जी नहीं, मगर उससे क्या होगा भाई साहब? आप जानते नहीं, हर यूनिवर्सिटी के हिन्दी विभाग में ब्राह्मणों-ठाकुरों का वर्चस्व है।"

"क्या ? क्या कहा ? बाम्हनों का क्या है ? वार्चा...शन्नो, कितनी बार कहा गया कि कम से कम घर में इस गंदी ज़ुबान का इस्तेमाल न किया करो..."

"जी, बोलबाला।" दूसरा कोई शब्द यासमीन के ज़हन में उस वक़्त नहीं आया।

"हम जानते हैं।" डॉ. सादिक़ ने दूसरी सिगरेट सुलगाई।" मगर हम यह भी जानते हैं कि पॉलिटिक्स क्या चीज़ होती है !"

"पॉलिटिक्स ?"

"हाँ। अगले महीने यहाँ नक़वी साहब आ रहे हैं। सुना है, उस यूनिवर्सिटी के वाइस चांसलर भी आ रहे हैं। सेठ दीनदयाल जी के घर पर कोई ख़ास प्रोग्राम है। ख़ुदा ने चाहा तो सारा काम उसी वक़्त पर हो

जाएगा। अपना एपॉइंटमेंट पक्का समझो।''

इतना बोलने के बाद डॉ. सादिक़ ने नक़वी साहब की तारीफ़ शुरू कर दी।

''नक़वी साहब बहुत बड़े लीडर हैं। मुख्यमंत्री तक उनकी बात का इनकार नहीं करते। यहाँ आने पर तुम उनसे मिल लेना। वहाँ के वाइस चांसलर से उनकी बहुत पटती है। अगर वे सिर्फ़ अपनी एक उँगली का इशारा भी कर दें तो समझो, तुम्हारी जगह पक्की। मैं कल ही उन्हें फ़ोन करता हूँ।''

''मगर बेटा, ये नक़वी लोग तो शिया होते हैं न,'' यासमीन के वालिद ने इस तरह बोलना शुरू किया मानो वे शिया नाम की किसी चिड़िया का रहस्योद्घाटन कर रहे हों, ''अगर इन लोगों को हिन्दू और सुन्नी मुसलमान में से इंतख़ाब करना हो तो ये हिन्दू को ही तरजीह देते हैं।''

''मगर ये नक़वी साहब वैसे शिया नहीं हैं। शन्नो अगर उनसे मिल लेगी तो इसकी तक़र्रुरी तय समझिए।''

''तो शन्नो को दूसरे शहर में जाकर रहना होगा।''

यासमीन के वालिद अब इस बात को लेकर चिन्तित हो गए, मगर डॉ. सादिक़ सहज बने रहे। फिर उन्होंने तक़रीर करने के अन्दाज़ में बोलना शुरू किया :

''तो क्या हुआ, आजकल लड़कियाँ न जाने कहाँ-कहाँ जाकर अपना कैरियर बना रही हैं। फिर यह तो सोचिए, कि इस शहर में रखा ही क्या है ? वह शहर तो मकर्ज़े-हिन्दुस्तान के बहुत क़रीब है। और मर्कज़े-हिन्दुस्तान में क्या नहीं है ? टी.वी. वहाँ है, रेडियो वहाँ है। और तो और, पूरे मुल्क की सरकार वहाँ है। सारे बड़े-बड़े नतायज वहीं लिए जाते हैं। शन्नो को तरक़्क़ी करने का जितना मौक़ा वहाँ मिलेगा, यहाँ हर्गिज़ हर्गिज़ न मिल सकेगा। एक सी एक घामड़ लड़कियाँ उस शहर में पहुँचकर क्या से क्या बन गईं ! जबकि अपनी शन्नो तो बहुत समझदार और मज़बूत दिल वाली लड़की है। आगे चलकर यह ख़ानदान का नाम रौशन करेगी।''

तभी भीतर से आवाज़ आई, ''खाना लग गया है।'' और इस आवाज़ के साथ ही आँगन में चल रही बातचीत बन्द हो गई। सभी लोग बरामदे में पहुँचकर दस्तरख़्वान पर बैठ गए।

उस शहर में कोई फ़ाइव-स्टार होटल नहीं था। सो नक़वी साहब शहर के सबसे अच्छे होटल में ठहरे हुए थे। होटल के बाहर ख़ूब बड़ा-सा बाग़ था, जिसमें गुलमोहर, मौलसिरी, अशोक और ताड़ के पेड़ खड़े थे। पेड़ों के बीच से लाल बजरी की एक साफ़-सुथरी, क्षीणकाय सड़क गुज़रती थी, जो पोर्टिको तक जाकर ख़त्म हो जाती थी। भीतर एक तरफ़ रिसेप्शन की टेबुल के पीछे चाभियों के गुच्छे लटके हुए थे और दूसरी तरफ़ आरामदेह सोफ़े पड़े हुए थे। सोफ़ों के सामने टेबुलों पर अंग्रेज़ी के ताज़े अख़बार और कुछ देशी-विदेशी अंग्रेज़ी पत्रिकाएँ बेतरतीबी के साथ पड़ी हुई थीं। बीच-बीच में काँच की ऐसी सुन्दर ऐश-ट्रे कि उन्हें देखते ही सिगरेट पीने की तलब लग जाए।

नक़वी साहब का सूट दूसरी मंज़िल पर था। सामने ड्राइंगरूम। लाइट ब्राउन कलर का मख़मली सोफ़ा। रेशमी पर्दे। एक तरफ़ छोटी-सी टेबुल और बिना हत्थों वाली कुर्सी। टेबुल के दाहिने किनारे पर एक लैम्प। बाएँ किनारे पर फ़ोन। सोफ़े के सामने गोल तिपाई। तिपाई पर ऐश-ट्रे। फ़र्श पर क़ालीन बिछा हुआ। ड्राइंगरूम के पार छोटी-सी बॉलकनी, जिस पर खड़े होने से बाग़ का नज़ारा बहुत सुन्दर दीखता था। दाहिनी ओर बेडरूम, जिसमें सफ़ेद-झक चादर से ढँका हुआ डबलबेड पड़ा था। सिरहाने, दोनों तरफ़ दो छोटी-छोटी तिपाइयाँ। तिपाइयों के पास ही नाइट बल्व लगे हुए थे। एक तरफ़ कपड़ों की अलमारी। अलमारी की बग़ल में आदमक़द आइना। आइने के सामने ड्रेसिंग टेबुल। बेडरूम की दाहिनी तरफ़ अटैच्ड बाथरूम। बाथरूम में पश्चिमी शैली का कमोड। मगर नहाने के लिए टब नहीं था। बाल्टी और मग से ही काम चलाना पड़ता था। हाँ, गर्म पानी की सुविधा ज़रूर थी।

नक़वी साहब बाथरूम में घुसे तो थे नहाने के उद्देश्य से ही, पर न जाने क्यों इरादा बदल दिया। सिर्फ़ मुँह धोकर बाहर निकल आए। सुबह से काफ़ी भाग-दौड़ हो गई थी। बिस्तर पर लेट गए और आँखें मूँद लीं। तभी बेल बजी। नक़वी साहब ने आँखें खोलीं। उठे। पाँव में चप्पलें डालीं और ड्राइंगरूम में आकर दरवाज़े की तरफ़ बढ़े। ठीक उसी वक़्त दूसरी बार घंटी बजी। नक़वी साहब ने कपाट खोले।

"आदाब !"

"आदाब !" नक़वी साहब ने कलाई पर बँधी घड़ी देखी।

"आओ। भीतर आ जाओ। देखो, कितना अच्छा हुआ कि मैंने अपना

इरादा बदल दिया। वरना तुम्हें शायद आठ-दस बार बेल बजानी पड़ती। अरे, खड़ी क्यों हो शन्नो, आ जाओ न !''

यासमीन भीतर आ गई। नक़वी साहब ने कपाट बन्द कर लिए।

''आपको मैंने डिस्टर्ब तो नहीं किया ?''

यासमीन बहुत घबराई हुई थी।

''नहीं, बिलकुल नहीं। हाँ, अगर मैंने अपना इरादा न बदला होता तो तुम बहुत डिस्टर्ब होती।''

''कैसा इरादा ?''

''मैं नहाने जा रहा था।''

दोनों ठठाकर हँस पड़े।

''सादिक़ साहब ने मुझे फ़ोन किया था और मैंने आज दोपहर का वक़्त दिया था। तुम ठीक वक़्त पर आई हो। मगर मैं तो भूल ही गया था। अरे, मैं तो यह भी भूल गया कि तुम्हें बैठाना चाहिए। बैठो। नहीं, यहाँ नहीं, इधर आ जाओ।''

यासमीन नक़वी साहब के साथ बेडरूम में आ गई। वह सिरहाने की तरफ़ रखी तिपाई पर बैठ गई। नक़वी साहब बेड पर अधलेटे-से हो गए।

''आपने कैसे समझा कि मैं मैं ही हूँ ?'' यासमीन अब मुस्कराई।

''इसलिए, कि तुम तुम हो।''

दोनों फिर ठठाकर हँस पड़े।

यासमीन को अपनी हँसी पर गर्व हुआ। उसने पहली बार अपने को हँसते हुए देखा था। आदमक़द आइना ठीक उसके सामने था। उसके दाँत इतने सफ़ेद हैं, बाल इतने काले और घने हैं, चेहरा इतना खिला हुआ है और प्याज़ी रंग का सूट उसके जिस्म पर इतना फबता है...इस सबका एहसास उसे पहली बार ही हुआ था। अपने को एकदम ठीक सामने, पूरी-पूरी देखकर।

''भाई जान आपकी बहुत तारीफ़ करते हैं।'' इतना कहकर यासमीन ने सिर झुका लिया।

''सच ?''

''जी !''

''तुम्हारा क्या ख़याल है ?''

"मेरा ?"

"हाँ !"

"हमने तो सोचा ही नहीं था कि आप हँसते भी होंगे।"

"क्यों ?"

"भाईजान कह रहे थे, आप बहुत बड़े लीडर् हैं।"

"यानी लीडर लोग हँसते नहीं ? क्यों ?"

"उई !" यासमीन अचानक चीख़ी और झुककर अपनी जूतियाँ उतारने लगी।

"क्या हुआ ?" नक़वी साहब चौंके।

"जूती में कोई कंकड़ है शायद।"

यासमीन का दुपट्टा फ़र्श पर गिर गया था। नक़वी साहब सामने लगे आदमक़द आइने में सब कुछ देख रहे थे।

"शन्नो !"

"ऊँ !"

"आराम से बैठो। तिपाई बहुत छोटी है।"

"जी !"

"इधर आ जाओ।"

यासमीन धीरे से सरककर बेड पर बैठ गई। नक़वी साहब ने आँखें मूँद लीं, जैसे समाधि में चले गए हों !

"हमें आपसे एक बात करनी थी।" यासमीन फ़र्श पर से अपना दुपट्टा उठाती हुई बोली तो उन्होंने आँखें खोल दीं।

"मुझे मालूम है। सादिक़ साहब ने सब कुछ बता दिया है।"

"तो आप मेरे लिए कोशिश करेंगे न ?"

"मैं कोशिश-वोशिश नहीं करता।"

"जी !"

"मैं काम करता हूँ।" इतना बोलकर नक़वी साहब ने यासमीन की तरफ़ करवट ली। "यानी, मैं जो तहय्या कर लेता हूँ, उसे पूरा करके छोड़ता हूँ !"

"सच !" यासमीन के मुँह से सिर्फ़ इतना निकला और उसकी आँखें मुँद गईं।

"सच।" नक़वी साहब ने दुहराया और उनका हाथ यासमीन के कन्धे

पर पहुँच गया।

“शन्नो !”

“जी !”

“तुमने सूफ़ियों के अदब के बारे में कुछ पढ़ा है ?”

“जी, जायसी...।”

“नहीं, राबिया बसरी बहुत बड़ी सूफ़ी शायरा थी। उसने क्या लिखा है, जानती हो ? परदा बरदारो बरहना गो कि मन, मी न ख़ुफ़्तम बासनम बापैरहन। यानी मैं अपने सारे कपड़े उतारकर नंगी हो जाना चाहती हूँ क्योंकि मैं नहीं चाहती कि मेरे और मेरे सनम के बीच कोई पर्दा रहे ! सूफ़िज़्म ने कितना बड़ा फ़लसफ़ा दिया है ! कोई काम तभी पूरा होता है, जबकि बीच के सारे पर्दे यानी बैरियर्स हट जाएँ।”

इतना कहते-कहते नक़वी साहब ने यासमीन के सारे कपड़े उतार दिए थे। यासमीन की ख़्वाहिश हुई कि वह सामने के आइने में ख़ुद को देखे, लेकिन नक़वी साहब ने इसका मौक़ा उसे नहीं दिया।

“ये आप क्या कर रहे हैं ?”

यासमीन ने दबी-सहमी आवाज़ में पूछा।

“कोशिश।”

“कोशिश ?”

“हाँ, यह सब कोशिश ही कहा जाता है।” यासमीन ने आँखें मूँद लीं।

“क्या यह सब पहले भी हुआ है तुम्हारे साथ ?” थोड़ी देर बाद नक़वी साहब ने प्रश्न किया तो यासमीन ने आँखें खोल दीं।

“क्या ? कोशिश ? क्यों ? आप यह सब क्यों पूछ रहे हैं ?”

“यूँ ही !”

“आप लीडर हैं या लॉयर ?”

दोनों एक बार फिर ठठाकर हँस पड़े।

नक़वी साहब शाम के पाँच बजे सोकर उठे। उनका जिस्म हलका था, मगर थोड़ी सुस्ती महसूस हो रही थी। वे सीधे बाथरूम में गए। वहाँ सबसे पहले पेशाब किया। पेशाब थोड़ा रुक-रुककर हुआ। कुछ जलन-सी भी महसूस हुई। उम्र उनकी यही कोई सैंतालीस-अड़तालीस के आसपास थी। शरीर में

कई तरह के रोग थे। मगर यह शिकायत पहली बार हुई थी। नक़वी साहब को थोड़ी चिन्ता तो ज़रूर हुई, मगर वे सामान्य बने रहे। स्नान किया, बदन पर पाउडर लगाया और बाहर आदमक़द आइने के सामने खड़े हो गए। आइने में एक तरह से पूरा कमरा दिखाई पड़ रहा था। बिस्तर, दोनों तरफ़ की तिपाइयाँ, छत पर लगा हुआ पंखा...नक़वी साहब को बिस्तर पर एक धब्बा-सा नज़र आया। फ़ौरन उनका मूड ऑफ़ हुआ। उन्होंने कपड़े बदले। खद्दर का पाजामा-कुर्ता, ब्राउन कलर की चप्पलें। बाल सँवारे। फिर तत्काल उन्होंने रिसेप्शनिस्ट को फ़ोन किया।

"मैं अभी बाहर निकल रहा हूँ। बेडरूम की चादर बदलवा दीजिएगा।"

नक़वी साहब बहुत व्यस्त थे। वे दो दिन से उस शहर में थे और हर दिन का लगभग हर घंटा बुक था। रात में थोड़ी देर के लिए बिस्तर पर लेटते तो चिन्ताएँ सताने लगतीं। उन्हें सबसे बड़ी चिन्ता अपने क़ौम की थी। अक़लियतों की फ़लाह-व-बहबूदी के लिए वे जी-जान से जुटे हुए थे। वे जहाँ भी जाते, अक़लियतों के बारे में ही बातें करते। उनकी तक़रीरों का मुख्य विषय अक़लियतों की समस्याओं से सम्बन्धित ही होता था। एक तरह से वे अक़लियत जमात के विशेषज्ञ माने जाते थे। नक़वी साहब हमेशा, हर पल, चाहे जैसा मौक़ा हो, घूम-फिरकर अपने विषय पर आ जाते थे।

दिन-भर की व्यवस्तता के बाद शाम को जब नक़वी साहब होटल पहुँचे तो उन्हें याद आया कि उस रात तो शहर के मशहूर सेठ दीनदयाल जी के यहाँ उनका डिनर है। देश के तमाम बड़े-बड़े लोगों से सेठ दीनदयाल जी के ताल्लुक़ात थे। उनमें नेता और अभिनेता से लेकर बड़े-बड़े व्यापारी और कई विश्वविद्यालयों के कुलपति, उप-कुलपति भी शामिल थे। उन दिनों ईश्वर की कृपा से उनका कोई बहुत बिगड़ा हुआ काम कई महत्त्वपूर्ण विभूतियों की सहायता से बन गया था। उसी उपलक्ष्य में यह विशेष आयोजन किया गया था। दिन और तारीख़ का निश्चय शहर में नक़वी साहब के कार्यक्रम को ध्यान में रखकर ही किया गया था; अर्थात् नक़वी साहब उनके अतिविशिष्ट अतिथि थे।

यह बात ध्यान में आते ही नक़वी साहब बिस्तर पर से उछलकर उठे

और कपड़े बदलकर होटल से बाहर निकल आए।

ड्राइवर से बोले :

"लक्ष्मी निवास चलो। सेठ दीनदयाल जी के घर।"

वहाँ पहुँचे तो देखा, सेठ दीनदयाल जी स्वयं अपने द्वार पर खड़े होकर आगंतुकों का स्वागत कर रहे थे। नक़वी साहब को देखते ही उनका चेहरा सूरजमुखी के फूल की तरह खिल उठा और उन्हें साथ लेकर वे अन्दर की ओर चल पड़े।

दीनदयाल जी के यहाँ आयोजित डिनर-पार्टी में शहर-भर के गण्यमान नागरिक आमन्त्रित थे। कुछ महत्त्वपूर्ण लोग बाहर से भी पधारे थे। व्हिस्की का दौर चल रहा था। अनेक मुसलमान भी पी रहे थे। मगर नक़वी साहब सॉफ़्ट ड्रिंक ले रहे थे। उनका मानना था कि समाज में अगर अपनी छवि बनानी है तो सार्वजनिक स्थलों पर अपने कैरेक्टर को ठीक रखना चाहिए। लोग उसी शख़्स का सम्मान करते हैं, जो लोगों की भावनाओं की क़द्र करता है।

डिनर-पार्टी का आयोजन 'लक्ष्मी निवास' के लॉन में किया गया था। हालाँकि गर्मी शुरू हो गई थी, मगर लोग बाक़ायदा सूट-टाई से सुसज्जित होकर आए थे। धोती अथवा पाजामा-कुर्ता पहनकर आनेवालों की संख्या कम ही थी। बनारसी साड़ियों और क़ीमती आभूषणों से लदी-फँदी स्त्रियों का झुंड लॉन के एक कोने में चहक रहा था। शाम जैसे-जैसे गहरा रही थी, व्हिस्की का नशा भी गहरा रहा था। अब लोग दो-दो, तीन-तीन के गिरोहों में बँटकर बातें कर रहे थे। अपने समाज की, अपने देश की और अपनी दुनिया की समस्याएँ हल की जा रही थीं। नक़वी साहब शहर के मशहूर व्यापारी चावला साहब के सामने खड़े थे और उन्हें यह समझाने की कोशिश कर रहे थे कि सिक्खों को पुराना वैर-भाव भुलाकर मुसलमानों का साथ देना चाहिए। आख़िर हैं तो दोनों ही अक़लियत क़ौमें। तभी किसी ने उनके कन्धे पर हाथ रखकर 'आदाब अर्ज़' कहा तो नक़वी साहब 'इक्सक्यूज़ मी' कहते हुए पीछे घूम गए। पीछे बाहर से पधारे एक मशहूर यूनिवर्सिटी के वाइस चांसलर प्रोफ़ेसर वार्ष्णेय खड़े थे।

"हल्लो मिस्टर वी.सी. ! क्या हाल हैं जनाब के ? इस छोटे-से शहर में

आकर आपको कोई तकलीफ़ तो नहीं हुई ? नक़वी साहब ने वाइस चांसलर को लगभग गले से लगा लिया। वाइस चांसलर धन्य हो गए। बोले :

"नहीं साहब, तकलीफ़ कैसी !" वार्ष्णेय जी ने नक़वी साहब के गिलास की ओर देखते हुए कहा, "मगर नक़वी साहब, आपके हाथ में ये सॉफ़्ट ड्रिंक का गिलास अच्छा नहीं लग रहा है। चलिए, अन्दर चलकर बैठते हैं।"

नक़वी साहब प्रो. वार्ष्णेय के साथ चल पड़े। बँगले के अन्दर अनेक छोटे-छोटे कक्ष थे जिनमें विशेष अतिथि बैठे हुए थे। एक कक्ष ख़ाली दिखा तो ये लोग उसी में घुसकर बैठ गए। प्रो. वार्ष्णेय ने दीवार में लगी एक घंटी दबाई। पल-भर में सेठ दीनदयाल जी का नौकर हाज़िर हुआ।

"दो व्हिस्की। साथ में भुने हुए चने, कबाब और पापड़।"

नौकर प्लास्टिक के गुड्डे की तरह मुड़ा और चला गया।

"इस बार तो बहुत दिनों बाद आपके दर्शन हुए।" प्रो. वार्ष्णेय ने बात शुरू की।

"जी हाँ, वो क्या है कि, आप तो जानते ही हैं, जब से अपना यार मुख्यमंत्री हुआ है, मुझे कहीं जाने ही नहीं देता। कहता है, तेरे बिना मेरा राज कैसे चलेगा ?"

इतना बोलकर नक़वी साहब ठठाकर हँस पड़े। ठीक उसी समय व्हिस्की आ गई। दोनों ने गिलास उठाए। चियर्स के साथ सिप लेने लगे।

"अच्छा, ये बताइए, कैसा चल रहा है ?" नक़वी साहब ने लगभग आधा पैग ख़त्म करते हुए प्रो. वार्ष्णेय से प्रश्न किया तो वे थोड़े बुझ-से गए।

"आप तो जानते ही हैं, जब से नए गवर्नर साहब आए हैं, हमारी शामत आ गई। यहाँ का माहौल भी दिन-ब-दिन ख़राब होता जा रहा है। अब तो जी करता है, सबकुछ छोड़-छाड़कर संन्यास ले लें।"

नक़वी साहब मुस्कराए। साथ ही उन्होंने गिलास ख़ाली किया। प्रो. वार्ष्णेय ने बटन दबाया। नौकर आया। वी.सी. ने कुछ इशारा किया। नौकर थोड़ी देर बाद व्हिस्की की पूरी बोतल रख गया।

"संन्यास !" नक़वी साहब ने कुछ इस तरह बोलना शुरू किया, मानो कोई बहुत बड़ी बात कह रहे हों ! "प्रोफ़ेसर साहब, हमारी राजनीति में तो बहुत से लोग संन्यास लेने का एनाउंसमेंट करते रहते हैं—और आप जानते हैं, कि वे या तो संन्यास लेते ही नहीं, या फिर लेकर दुबारा उसी दायरे में

लौट आते हैं। मगर एजूकेशन—यानी शिक्षा के क्षेत्र से जुड़े हुए आप जैसे लोगों के मुँह से यह सब सुनकर बहुत अजीब लग रहा है।''

''हाँ, नक़वी साहब, अजीब ज़रूर लगता है, मगर अब ऊब गए हैं हम। कभी विद्यार्थियों का आन्दोलन, कभी अध्यापकों का, कभी कर्मचारियों का, कभी शहर वालों का दबाव, कभी सरकार का...तिस पर जातिवाद और साम्प्रदायिकता की जड़ें यहाँ इतनी गहरी हो गई हैं कि...''

''ठहरिए, ठहरिए...देखिए प्रोफ़ेसर साहब, यह सब हमारी तहज़ीबो-तमद्दुन के हिस्से हैं। इनसे ऊब कैसी ? फिर जातिवाद और साम्प्रदायिकता...यह तो समझिए, एक जंगल है, जिसमें हर शिकारी का शिकार मौजूद है। अगर जंगल ही न रहेगा तो शिकारी अपना शिकार कहाँ ढूँढ़ेगा। और असल बात तो यह है कि अपनी फ़ितरत में हर आदमी कहीं न कहीं जातिवादी और कम्युनल है।''

''क्या ?'' वी.सी. इस तरह चौंके कि उनका गिलास छलक गया। ''क्या आप खुद को भी कम्युनल मानते हैं ?''

''ज़रूर !'' इतना कहकर नक़वी साहब ने एक लम्बा घूँट लिया। ''अब देखिए न, मैं आपसे एक मुसलमान लड़की की सिफ़ारिश करने जा रहा हूँ। लोग सुनेंगे तो मुझे कम्युनल ही तो कहेंगे।''

''सिफ़ारिश ? किस पोस्ट के लिए ?'' वी.सी. ने गिलास टेबुल पर रख दिया और नक़वी साहब के चेहरे पर अपनी आँखें टिका दीं। बात अब विचार के दायरे से बाहर आ गई थी।

''सुना है, आपके यहाँ शोबा-ए-हिन्दी में कोई एपाइंटमेंट होनेवाला है !''

''हिन्दी ? हाँ, शायद है तो।'' वी.सी. ने अपना गिलास ख़त्म किया और दूसरा पैग बनाने लगे। गिलास तो नक़वी साहब का भी ख़ाली हो गया था, मगर उस तरफ़ शायद उनका ध्यान नहीं गया। वी.सी. ने बोतल जब छोड़ी तो नक़वी साहब ने उसे अपनी ओर खिसका लिया और ख़ुद भी अपना पैग बनाने लगे।

''नक़वी साहब, आप तो जानते हैं,'' इतना कहकर वी.सी. ने एक चुस्की ली तो उन्हें खाँसी आ गई। पैग थोड़ा हार्ड बन गया था। उन्होंने उसमें थोड़ा और पानी मिलाया। ''हिस्ट्री, इकोनॉमिक्स, कॉमर्स वग़ैरह के डिपार्टमेंट्स में तो यह पॉसिबुल है, मगर हिन्दी ? हिन्दी में तो किसी मुसलमान का होना हमारे यहाँ बहुत मुश्किल है।''

"क्यों ? हिन्दी डिपार्टमेंट में किसी मुसलमान का क्यों नहीं हो सकता ?" नक़वी साहब ने यह प्रश्न थोड़े-से सख़्त लहजे में पूछा।

"आप नहीं समझते नक़वी साहब, ऐसा नहीं हो सकता। लोग ऐसा होने नहीं देंगे !"

"आप समझाइए उन्हें।"

"उन्हें समझाना बहुत मुश्किल है।"

"जी नहीं, उतना मुश्किल नहीं है जितना कि आप समझ रहे हैं। देखिए, आप तो जानते हैं कि आज हमारे लिए राष्ट्रीय एकता की कितनी ज़रूरत है। आपको यह भी पता है कि हमारी सरकार ने राष्ट्रीय एकता क़ायम करने के लिए कितनी योजनाएँ बनाई हैं ! कितना काम हो रहा है ! उत्तर प्रदेश में उर्दू को दूसरी राजभाषा आख़िर क्यों बनाई जा रही है ? राष्ट्रीय एकता के लिए ही तो। क़रीब-क़रीब सभी सरकारी मामलों में इस बात का ध्यान रखा जाता है कि किसी न किसी मुसलमान को भी ज़रूर रखा जाना चाहिए। आप भी इस मामले को इसी तरह सामने रखिए। अगर देश की एक यूनिवर्सिटी में, हिन्दी डिपार्टमेंट में किसी मुसलमान लड़की का एपाइंटमेंट होता है, तो यह तो क़ौमी यकजेहती यानी राष्ट्रीय एकता की फ़ील्ड में एक बहुत बड़ा क़दम माना जाएगा। हो सकता है, आपकी यह कामयाबी हमारे नए गवर्नर साहब को भी पसन्द आए।"

"हूँ ! तो, वह कोई लड़की है ? कौन है वह ? वी.सी. ने अपना गिलास फिर ख़ाली कर दिया। नक़वी साहब ने उन्हें पैग बनाकर पेश किया।

"जी, बहुत अच्छी लड़की है। मैं उसके पूरे ख़ानदान को जानता हूँ। घर के सभी लोग अच्छे ओहदों पर हैं ! वह भी एक डिग्री कॉलेज में पढ़ा रही है। मगर उसकी जगह तो यूनिवर्सिटी में ही होनी चाहिए। बहुत शोवर और बहुत क़ाबिल है..."

"देखिए नक़वी साहब," वी.सी. ने उन्हें बीच में ही रोक दिया, "मैं वादा तो नहीं करता, पर कोशिश करूँगा। आप अपने ख़ुदा से दुआ कीजिए कि हमें कामियाबी मिले।"

"अपने ख़ुदा से क्यों, आपके ईश्वर से क्यों नहीं ?"

नक़वी साहब की इस बात पर प्रो. वार्ष्णेय इस तरह ठठाकर हँसे कि उनके हाथ का गिलास नीचे गिर गया। नक़वी साहब चूँकि ख़ुद भी हँस रहे थे, इसलिए उन्हें यह समझने में थोड़ी देर हुई कि वी.सी. का गिलास

कहाँ गया। उन्होंने अपना गिलास वी.सी. के आगे रख दिया और नौकर को बुलाने के लिए जैसे ही बटन दबाना चाहा, नौकर ख़ुद हाज़िर हो गया।

"साब, भोजन के लिए चलेंगे या यहीं ले आऊँ ?" नौकर ने पूछा तो वी.सी. ने उसे लगभग डाँटते हुए कहा, "यहीं ले आओ।"

9

जमील के सफ़र की रात ख़त्म हो चुकी थी और अब सुबह का सूरज बाँस-भर ऊपर चढ़ आया था। डिब्बे में कुछ नए यात्री भी आकर बैठ गए थे।

पैंसेंजर ट्रेन थी। मगर ज़्यादा भीड़-भाड़ नहीं थी। रफ़्तार भी अच्छी थी। खिड़की खुली थी, क्योंकि बन्द करने के लिए कुछ था ही नहीं। डिब्बा पुराना था। खिड़कियों में लकड़ी के कपाट लगे थे, जिनमें से कुछ नदारद थे। खिड़की से बाहर भागते हुए-से खेत थे। पेड़-पौधे और झाड़ियाँ थीं। जानवर और लोग थे। जमील उन्हीं में गुम था।

"आप कहाँ तक जाएँगे ?"

जमील ने खिड़की से अपना ध्यान हटाया। प्रश्न उसी से किया गया था।

"और आप ?" जमील ने प्रतिप्रश्न किया। दरअस्ल वह झुँझला गया था। प्रश्न चाहे जैसे भी हों, उसे तनाव में डाल देते थे। प्रश्न उसे गुंडों की तरह लगते थे।

"शायद हम-आप एक ही स्थान को जा रहे हैं।" यह कहते हुए वह आदमी मुस्कराया। फिर बोला, "वैसे भी सभी प्राणियों को एक ही स्थान पर जाना है।"

जमील का चेहरा तन गया। वह किसी भी तरह के दर्शन से घबराता था। मगर वह ख़ामोश रहा।

वह आदमी जमील के ठीक सामने बैठा था। उसने भूरे रंग की पैंट पहन रखी थी और भूरी धारियोंवाली सफ़ेद क़मीज़। पाँवों में पम्प शूज़। माथे पर ख़ूब मोटा तिलक लगाए हुए था।

"आपकी किस चीज़ की दुकान है ?"

"दुकान !" जमील बुरी तरह कुढ़ गया। थोड़ा सख़्त होकर बोला, "नहीं, नहीं, मैं दुकानदार नहीं हूँ। अध्यापक हूँ। पढ़ाता हूँ।"

"क्षमा कीजिएगा मास्टर साहब, भूल हो गई। मैं कपड़ों का बिजनेस करता हूँ। सोचा, आप भी...खैर, अन्यथा न लें। क्या पढ़ाते हैं आप ?"

"हिन्दी।"

"सुन्दर। अति सुन्दर। हिन्दी में हमारे तुलसीदास और सूरदास, मीराबाई और भूषण...कितने अच्छे-अच्छे कवि हुए हैं। भक्त कवि..."

"जी, कबीरदास और मलिक मुहम्मद जायसी, जयशंकर प्रसाद और अज्ञेय...और भी महत्त्वपूर्ण कवि हैं।"

"मास्टर साहब, आपको तो बहुत ज्ञान है। अच्छा, ये बताइए मास्टर साहब, आजकल जो उर्दू को द्वितीय राजभाषा बनाने का प्रयत्न हो रहा है, इसके बारे में आपके क्या विचार हैं ?"

"राजनीति है, और क्या ?"

जमील ने बहस से बचने के लिए बहुत संक्षिप्त उत्तर दिया। मगर वह आदमी तो बहस करने पर उतारू था। बोला :

"यह केवल राजनीति नहीं है। इसके पीछे एक भारी षड्यंत्र है।"

"षड्यंत्र ! कैसा षड्यंत्र ?"

"अरे, आप तो जानते ही हैं मास्टर साहब कि यह उर्दू हमारे देश की भाषा नहीं है। शुद्ध रूप से विदेशी है। मुसलमानों की भाषा। इस भाषा को महत्त्व देने का अर्थ है मुसलमानों को महत्त्व देना। और मुसलमानों को महत्त्व देने का अर्थ है उन्हें शक्तिशाली बनाना। वे लोग तो वैसे ही शक्तिशाली हैं। चार-चार विवाह करके और दर्जनों बच्चे पैदा करके उन्होंने अपनी संख्या कितनी बढ़ा ली है ! है कि नहीं ? अब तो उनके यहाँ घर-घर बम बनने लगे हैं। मुर्गी-मुर्गा और बकरी-बकरा काट-काटकर हत्या का अभ्यास भी वे करते ही रहते हैं। अगर इसी तरह उन्हें छूट मिलती रही तो एक दिन हम सभी हिन्दुओं को पछताना होगा। हम एक बार पुनः उनके अधीन हो जाएँगे।"

"आप ठीक कह रहे हैं, मगर क्या किया जाए ?" जमील ने सोचा, बात यहीं ख़त्म हो जाएगी। मगर वह आदमी रुकने वाला नहीं था। बोला :

"आपका क्या विचार है ?"

"किस बारे में ?"

"इसी बारे में।"

"मेरा विचार भी वही है, जो आपका है। मुसलमानों की तो जाति ही ऐसी है। वे हमारे देश को हमेशा से हानि पहुँचाते रहे हैं..."

"बिलकुल ठीक कहा आपने। दरअसल मास्टर साहब, वे इस देश को अपना देश मानते ही नहीं। मगर हमारी उदारता देखिए, कि उन्हें सिर पर बैठाए हुए हैं। और हमारी सरकार ? उसका तो कुछ पूछिए ही मत..."

अचानक गाड़ी की रफ़्तार धीमी हो गई। जमील खिड़की की तरफ़ देखने लगा। एक ऊँची-सी इमारत झटके के साथ गुज़र गई। इमारत पर पीले रंग के पेंट पर काले रंग से लिखा था 'पश्चिम'। आगे पटरियों का जाल। फिर थोड़ी ही देर में प्लेटफ़ार्म नज़र आने लगा। गाड़ी रुक गई। लोग चढ़ने-उतरने लगे। जमील को भूख लगी थी। उसने मूँगफली बेचनेवाले लड़के को आवाज़ दी, मगर वह आगे निकल गया। तब उसने चाय वाले को पुकारा। चायवाला खिड़की के पास खड़ा हो गया और केतली से मिट्टी के कुल्हड़ में चाय ढालने लगा।

"एक और। आपको दो।" जमील ने सामने वाले की तरफ़ संकेत करते हुए कहा तो चायवाला दुबारा चाय उड़ेलने लगा।

तभी किसी ने जमील के कंधे पर हाथ रखा। जमील ने घूमकर देखा।

"अरे, आप यहाँ कैसे ? आइए, बैठिए।"

इक़बाल बहादुर राय को देखकर जमील चौंक गया। उसने अपने बग़ल में जगह बनाई और चायवाले को फिर पुकारा, जो अब आगे की खिड़की के पास खड़ा था।

"अरे भाई, एक चाय और देना।"

"और आप जमील साहब ? आप इधर कैसे ? कहाँ जा रहे हैं ? आपका तो बरसों से कुछ अता-पता ही नहीं है।" इक़बाल ने चाय का कुल्हड़ थामते हुए कहा। तभी गाड़ी ने सीटी दी और धीरे-धीरे रेंगने लगी। इस बीच, जमील के ठीक सामने जो आदमी बैठा था, उसकी चाय छलक गई थी और वह पैंट पर पड़े धब्बे को अपनी रूमाल से साफ़ कर रहा था।

"आप जले तो नहीं ?" जमील ने प्रश्न किया तो उसने सिर्फ़ 'नहीं' कहा और कुल्हड़ को खिड़की से बाहर फेंक दिया। बाहर से कुल्हड़ के फूटने की आवाज़ आई।

"क्या आप मुसलमान हैं ?"

उस आदमी ने पैंट साफ़ करते-करते ही पूछा। आँखें नहीं उठाईं।

"जी हाँ।" जमील ने अत्यन्त संक्षिप्त उत्तर दिया।

"क्षमा कीजिएगा, मैं आप लोगों के बारे में न जाने क्या-क्या कह गया ! दरसल आपने जब बताया कि आप हिन्दी के अध्यापक हैं तो मैंने सोचा कि..."

"आप व्यर्थ में लज्जित हो रहे हैं। आपने ऐसा तो कुछ भी नहीं कहा जो बुरा लगने वाला हो। फिर आपने मेरे बारे में तो कुछ कहा नहीं।"

अब उस आदमी ने अपना चेहरा उठाया। जमील की बातों से उसे थोड़ी ढाढ़स-सी हुई थी। लेकिन चेहरा बिलकुल बुझ-सा गया था। माथे पर, जहाँ तिलक लगा था, थोड़ी सिकुड़न-सी दिखाई पड़ रही थी। आँखें लगभग मुँदी हुई थीं।

अब इक़बाल और जमील ने भी अपने कुल्हड़ फेंक दिए थे। गाड़ी की रफ़्तार तेज़ हो गई थी। अग़ल-बग़ल से तरह-तरह की आवाज़ें आ रही थीं। मगर जमील और इक़बाल समेत वहाँ सभी लोग ख़ामोश थे।

"आपका शुभ नाम ?" जमील ने चुप्पी तोड़ने की कोशिश की।

"ओमप्रकाश गुप्ता।" इतना कहकर उस आदमी ने अपनी आँखें मलीं। फिर धीरे-धीरे अपनी पलकों को खोलते हुए कहा, "आप मुसलमान होकर भी बहुत अच्छी हिन्दी बोलते हैं।"

"क्यों, क्या दूसरे मुसलमान लोग हिन्दी नहीं बोलते ?" इक़बाल ने लगभग चिढ़ते हुए प्रश्न किया तो गुप्ता जी का चेहरा थोड़ा और सिकुड़ गया।

"नहीं, मेरे कहने का तात्पर्य यह नहीं है। मगर प्रायः मुसलमान लोग उर्दू बोलते हैं।"

"जी नहीं, यह बात ग़लत है।" जमील ने हस्तक्षेप किया। "और आप जो कह रहे थे, कि उर्दू विदेशी भाषा है, तो यह भी ग़लत है। उर्दू इसी देश की भाषा है। यहीं इसका जन्म हुआ है। और यह भी सत्य नहीं है कि उर्दू सिर्फ़ मुसलमानों की भाषा है। भाषा चाहे कोई भी हो, धर्म से उसका कोई सम्बन्ध नहीं होता। भाषा उसी की है जो उसका व्यवहार करे।"

गुप्ता जी अपराध-बोध से गड़े जा रहे थे। जमील और इक़बाल से आँखें मिलाने में झिझक रहे थे। मगर वे इन्हें यह नहीं महसूस कराना चाहते थे कि वास्तव में वे झेंप रहे हैं। सो, उन्होंने बातचीत का रुख़ बदलने की

कोशिश की।

''दरअसल मास्टर साहब क्या है कि लोग अपने वातावरण से ही सबकुछ सीखते हैं। अन्यथा मुसलमानों से तो हमारा गहरा सम्बन्ध रहा है। हमारे गाँव में एक ख़ाँ साहब थे। हमारे पिताजी से दाँत-काटी रोटी जैसी दोस्ती थी। हमें याद है, अपने बचपन के वे दिन जबकि हम ईद के दिन उनके यहाँ सेवइँयाँ खाने जाते थे। पिताजी तो बहुत छूत-छात मानते थे, किन्तु हम बच्चों के लिए कोई मनाही नहीं थी। मुहर्रम आता तो हम ताज़िए के आगे 'याली याली' कहते दौड़ते। एक और हाशिमी साहब थे। वे तो हमारे संरक्षक जैसे थे। तब बैंक आदि तो थे नहीं। हमारे घरवाले अपना पैसा उन्हीं के पास रखा करते थे। वे बड़े मानिन्द आदमी थे। और लोग कहा करते थे कि मुसलमान लोग अमानत में खयानत नहीं करते। फिर, बड़े होकर इस शहर में आए तो यहाँ भी मुसलमानों से ही हमारा मेल-जोल अधिक हुआ। हमारे पड़ोस में रफीक साहब रहते हैं। अत्यन्त उदार व्यक्ति हैं। किसी भी विपत्ति में सदैव हमारे साथ रहते हैं। और उर्दू ? हमारे पिताजी तो स्वयं उर्दू मिडिल पास थे...।''

''लेकिन गुप्ता जी, माफ़ कीजिएगा। यह सब आप क्यों सुना रहे हैं हमें ?'' इक़बाल ने ख़ूब बुरा-सा मुँह बनाकर पूछा तो गुप्ता जी का चेहरा तन गया।

''जी, मैं समझता हूँ कि वातावरण का प्रभाव सब पर पड़ता है !''

जमील ने स्थिति को सामान्य करने के उद्‌देश्य से यह कहा और वहाँ पुनः सन्नाटा छा गया। ट्रेन के चलने की आवाज़ फिर सुनाई पड़ने लगी। जमील ने अपनी आँखें खिड़की के बाहर टिका दीं।

शहर आया। ट्रेन रुकी। गुप्ता जी उतरे और भीड़ में ग़ायब हो गए। इक़बाल बीच में ही किसी स्टेशन पर उतर गया था। जमील स्टेशन से बाहर आकर एक तरफ़ खड़ा हो गया। उसे भूख लगी थी। इंटरव्यू चार बजे से शुरू होने वाला था। इस दरम्यान बाज़ार में जाकर कुछ खाया जा सकता था। स्टेशन के बाहर वाले होटल तो महँगे थे। खाना भी खराब मिलता था। सो, आगे बढ़कर उसने एक रिक्शेवाले को पुकारा।

''दो रुपिया सवारी।''

रिक्शेवाले ने किराया बताया। जमील रिक्शे पर बैठ गया। रिक्शावाला दूसरी सवारी को पुकारने लगा। जमील की इतनी हैसियत नहीं थी, कि वह चार रुपए देकर अकेले ही रिक्शे से बाज़ार तक जाए।

"एक सवारी चौक। एक सवारी चौक।" रिक्शावाला चिल्ला रहा था।

थोड़ी देर बाद एक आदमी वहाँ आया और बग़ैर कुछ बोले ही रिक्शे पर जमील की बग़ल में बैठ गया। रिक्शा चल पड़ा।

"आप कहाँ जा रहे हैं ?" आदमी ने प्रश्न किया तो जमील ने ज़रा कुढ़ कर कहा—

"खाना खाने।"

आदमी ने उसे घूरकर देखा। जमील ने भी उसे ग़ौर से देखा। साँवला रंग। बदन पर कुर्ता-पाजामा। सिर पर गोल टोपी। चेहरे पर क़रीने से छँटी हुई काली दाढ़ी।

"आपका शुभनाम ?" जमील ने जान-बूझकर इस शैली में प्रश्न पूछा, हालाँकि हुलिए से वह समझ गया था कि आदमी मुसलमान है।

"जी, माफ़ कीजिएगा, मैं समझा नहीं। क्या आप मेरा नाम पूछ रहे हैं ?"

आदमी पहले हकलाया, फिर सहज हो गया। जमील समझ गया कि यह जान-बूझकर बन रहा है।

"जी।" जमील ने मुस्कराते हुए कहा।

"मुझे अब्दुस्लाम सिद्दीक़ी कहते हैं।" जमील चुप रहा।

"मगर ग़लती से लोग अब्दुल सलाम भी कह देते हैं।" आदमी का बोलना जारी रहा। जैसे अब्दुल रज़्ज़ाक़ ग़लत है। सही है अब्दुर्रज़्ज़ाक़। मौलाना अबुल कलाम आज़ाद का नाम तो आपने सुना ही होगा। उन्हें भी ग़लती से लोग अब्दुल कलाम आज़ाद कह दिया करते हैं।"

"आपसे मिलकर बड़ी प्रसन्नता हुई !" यह कहते हुए जमील ने सलाम साहब से हांथ मिलाया, फिर पूछा, "क्या आप किसी विद्यालय में उर्दू पढ़ाते हैं ?"

"नहीं साहब, शहर में मेरी एक छोटी-सी दुकान है। टूटे-फूटे छाते ठीक करता हूँ। मगर शायरी का शौक़ है। मेरा तख़ल्लुस है 'नादाँ'। अब्दुस्सलाम 'नादाँ'।"

"शे'र-शायरी तो मुझे बहुत पसन्द है !"

''शेर शायरी नहीं, शे'रो-शायरी !''

तब तक चौक आ गया था। अब्दुस्सलाम 'नादाँ' साहब जेब से पैसे निकालने लगे।

''माफ़ कीजिएगा,'' नादाँ साहब ने रिक्शेवाले को पैसे थमाते हुए पूछा, ''आप छूत-छात मानते हैं कि नहीं ?''

''जी नहीं।'' इतना कहकर जमील ने भी रिक्शेवाले को पैसे थमाए।

''मीट-वीट खाते हैं ?''

''हाँ, खाता हूँ।''

''वैसे तो आजकल बड़े-बड़े पंडित लोग मीट खाने लगे हैं, पर कुछ लोग अब भी वो क्या कहते हैं, शाकाहारी बने हुए हैं, इसीलिए पूछा। भूख तो मुझे भी लगी है। अगर आप मुनासिब समझें तो कहीं साथ-साथ बैठकर खा सकते हैं।''

''अवश्य, मुझे भला इसमें क्या आपत्ति हो सकती है?''

''क्या ? अरे हाँ, समझ गया एतराज़ ? तो फिर चलिए। आप किसी हिन्दू होटल में तो नहीं जाना चाहेंगे ? देखिए साहब, मीट तो वहाँ भी मिलता है मगर आप तो जानते ही हैं, झटका हमारे लिए हराम है। इसलिए अगर आप बुरा न मानें तो किसी मुस्लिम होटल में चलें।''

''कोई बात नहीं, चलिए।''

आगे-आगे 'नादाँ' साहब और पीछे जमील। थोड़ी दूर चलकर नादाँ साहब एक गली में घुस गए।

''इस शहर के सारे मुस्लिम होटल इसी गली में है।'' नादाँ साहब ने कहा, ''मगर साहब हमारे शहर की एक बड़ी ख़ूबी यह है कि यहाँ तअस्सुब नाम की चीज़ नहीं है। हिन्दू-मुसलमान सब मिल-जुलकर भाई-भाई की तरह रहते हैं। हम उनकी दीवाली मनाते हैं, वो हमारी ईद मनाते हैं।''

''और होली ?'' जमील ने टोका तो नादाँ साहब ने जमील की तरफ़ गम्भीरता के साथ देखा। फिर बोले–

''वो क्या है साहब, कि रंग-वंग तो हमारे लिए हरांम है न। इसलिए ज़रा...''

''समझ गया।''

''चलिए, आज बिस्मिल्लाह होटल में चलते हैं।'' इतना कहकर नादाँ साहब बाईं ओर के होटल में घुस गए। जमील भी पीछे-पीछे घुस गया। वे

एक टेबुल के आमने-सामने बैठ गए। टेबुल पर जूठी प्लेटें पड़ी थीं।

"ए लड़के, इन्हें फ़ौरन हटाओ।"

नादाँ साहब ने होटल में काम करनेवाले एक काले-से लड़के को आवाज़ दी तो वह लपककर वहाँ पहुँचा और प्लेटें उठा ले गया।

"पोंछा मारो।" नादाँ साहब फिर चीख़े। लड़का दौड़कर आया और अपने कन्धे पर रखे एक गंदे से कपड़े को टेबुल पर इधर-उधर घुमाकर काँच के दो गिलास रख गया। उसके बाद एक दूसरा लड़का आया। उसके जिस्म पर अपेक्षाकृत कुछ साफ़ कपड़े थे और उसने टोपी भी लगा रखी थी।

"एक जगह 'बड़ा' और एक जगह 'छोटा'। दोनों इस्टू।" नादाँ साहब ने खाने का आर्डर दिया। लड़का चला गया।

"आपने दो तरह का खाना क्यों मँगवाया ? दोनों जगह 'बड़ा' ही मँगवा लेते !"

जमील की इस बात पर नादाँ साहब चौंके।

"चौंकिए मत, मैं हिन्दू नहीं हूँ। मेरा नाम जमील अहमद है।"

"अरे, मैं तो वाक़ई आपको हिन्दू ही समझ रहा था। तौबा तौबा।" नादाँ साहब ने अपना सिर पीटा।

"मगर साहब आप भी कमाल के शख़्स हैं ! क्या ख़ूबी से उनकी ज़ुबान बोल लेते हैं !"

"किनकी ?"

"हिन्दुओं की। हमसे तो भई, एक लफ़्ज़ भी नहीं बोला जाता।"

"नहीं नहीं, मैं हिन्दुओं की ज़ुबान नहीं, हिन्दी ज़ुबान बोल रहा था। और आप तो जानते ही होंगे कि मिर्ज़ा ग़ालिब ने भी अपनी ज़ुबान को हिन्दवी कहा है।"

"आप करते क्या हैं जमील साहब ?"

"मैं हिन्दी का अध्यापक हूँ। यानी मुदर्रिस।"

तब तक खाना आ गया। जमील ने 'छोटा' नादाँ साहब के आगे सरका दिया।

"मैं आज 'बड़ा' ही खाऊँगा।" जमील मुस्कराया।

"वैसे साहब, अब तो कुछ हिन्दू लोग भी 'बड़ा' खाने लगे हैं। मेरा एक जानने वाला है। है तो साला बिरहमन, मगर क़ीमे की पकौड़ियों पर जान देता है। मैंने उसे बताया भी कि इनमें बड़े का क़ीमा होता है, मगर कहता

क्या है, कि भई मज़ेदार तो है। समझे जमील साहब !''

जमील चुप रहा। नादाँ साहब की रोटी ख़त्म हो चुकी थी। अब वे हड्डी चूस रहे थे।

''मैं तो कभी-कभी सोचता हूँ साहब,'' नादाँ साहब ने चूसी हुई हड्डी को टेबुल पर रखते हुए कहा, ''कि किस तरह ज़माना बदलता है। पहले लोग खाने-पीने में परहेज़ करते थे, मगर दिल के साफ़ होते थे। और अब ? अब साथ बैठकर खाते-पीते हैं, मगर दिलों में सियाही भरी हुई है।''

इस बीच लड़का गर्म-गर्म रोटियाँ फिर रख गया।

''आप ठीक सोचते हैं। मगर नादाँ साहब, असलियत यह है कि दोनों तरफ़ है आग बराबर लगी हुई।''

''ये तो है।'' इतना कहकर नादाँ साहब थोड़ी देर के लिए रुके। जेब से रूमाल निकालकर नाक पोंछी। फिर पूछा, ''आपका इधर कैसे आना हुआ ?''

''यहाँ यूनिवर्सिटी में एक इंटरव्यू है।''

''हूँ। मगर यहाँ तो साहब बिरहमनों का राज है।''

''जानता हूँ। लेकिन कोशिश करने में क्या हानि है ?''

यह कहते हुए जमील उठा और बाहर निकलकर हाथ धोने लगा। 'नादाँ' साहब ने जल्दी-जल्दी खाना ख़त्म किया और वे भी बाहर आ गए। तब तक जमील पैसे दे चुका था।

''यह आपने क्या किया,'' 'नादाँ' साहब ने शिकायत की। फिर होटल वाले से बोले, ''बदरुद्दीन साहब, इनके पैसे वापस कीजिए। ये हमारे मेहमान हैं।''

होटलवाले ने जमील के पैसे वापस कर दिए। 'नादाँ' साहब का होटल में उधार चलता था, अतः वे बग़ैर पैसे दिए ही चल पड़े।

''सुना था, यह शहर इस मुल्क का एक बड़ा शहर है; मगर देखने से तो नहीं लगता।''

बाहर निकलकर जमील ने टिप्पणी की तो 'नादाँ' साहब ने बड़ी अजीब-सी नज़रों से उसे देखा। बोले :

''यह मुसलमानों का इलाक़ा है न, इसीलिए आपको ऐसा लग रहा है। शहर में घुसिएगा तो पता चलेगा। मुसलमानों के लिए तो फ़िरदौसे-बरीं ऊपर है, मगर हिन्दुओं के लिए उनके भग...और आगे क्या कहते हैं, हाँ वान,

भगवान ने पूरा बैकुंठ यहीं भेज दिया है। अच्छा, ख़ुदा हाफ़िज़।'' यह कहते हुए नादाँ साहब एक गली में घुस गए।

जमील यूनिवर्सिटी जाने के लिए रिक्शा ढूँढ़ने लगा।

वी.सी. ऑफ़िस के बाहर, लॉन में युवकों-युवतियों का मेला-सा लगा था। हर युवक अथवा युवती के हाथ में एक मोटी-सी थीसिस थी और एक फ़ाइल, जिसमें उनके मार्क्सशीट्स और सर्टिफ़िकेट्स वग़ैरह क़ैद थे। कुछ लोग लॉन में पसरे हुए थे, कुछ टहल रहे थे। उनमें से कुछ बहस करने में व्यस्त थे।

अनेक के चेहरे कुम्हलाए हुए, मगर कुछेक के खिले हुए भी थे। वे युवक जो तीन-चार दिनों में एक बार शेव करते थे, इस अवसर पर वे भी ताज़ा-ताज़ा शेव करके आए थे। वे युवतियाँ जो हमेशा सलवार-क़मीज़ ही पहनती थीं, इस अवसर पर वे भी साड़ियाँ बाँधकर आई थीं। यानी उस पूरे दृश्य का यदि समुचित विवरण प्रस्तुत किया जाए तो भविष्य में लिखे जानेवाले भारतीय-संस्कृति-विषयक ग्रंथ का एक उप-अध्याय बन सकता है। मुख्य शीर्षक 'शिक्षा' और उपशीर्षक 'बेरोज़गारों की संस्कृति'। उस भावी ग्रंथ में अन्य अध्याय इस प्रकार जोड़े जा सकते हैं : मुख्य शीर्षक 'समाज' और उपशीर्षक 'बलात्कार की संस्कृति'। मुख्य शीर्षक 'धर्म' और उपशीर्षक 'दंगों की संस्कृति'। मुख्य शीर्षक 'भाषा' और उपशीर्षक 'अंग्रेज़ीकरण की उदात्त संस्कृति'। इत्यादि। सो, वी.सी ऑफ़िस के लॉन में बेरोज़गारों की जो पूरी की पूरी संस्कृति बिखरी हुई थी, उसमें जमील और यासमीन की उपस्थिति एक अन्य उपशीर्षक की तरह लक्षित हो रही थी : 'हिन्दी के मुसलमान सेवक/सेविकाएँ।'

''तुम्हारा क्या ख़याल है ?'' जमील ने यासमीन से पूछा।

''किस बारे में ?'' यासमीन मुस्कराई।

''कामायनी के बारे में ?''

जमील चिढ़ गया। वह तत्काल वहाँ से चल पड़ा।

''नाराज़ हो गए ? अरे बैठो भी।''

यासमीन ने ज़रा प्यार के साथ कहा तो जमील रुक गया। दरअस्ल जमील जिस वक़्त वहाँ पहुँचा था, यासमीन लड़कियों के झुंड में बैठी थी और

चहक-चहककर बतिया रही थी। वह उसी के कहने पर झुंड से बाहर आई थी और अब वे एक झाड़ी के पास अलग-थलग बैठे थे।

"हाँ, क्या पूछ रहे थे तुम ?" यासमीन अब गम्भीर हो गई थी।

"मेरा मतलब यह था कि हम लोगों के लिए कोई गुंजाइश है कि नहीं ?"

"अल्लाह बेहतर जानता है।" यासमीन ने आसमान की तरफ़ आँखें उठाईं। "बुरा मत मानना, मैं ठीक कह रही हूँ। मेरा तो बस उसी पाक परवरदिगार पर यक़ीन है। वह जो करेगा, ठीक करेगा।"

"और ये जो दूसरे अल्ला मियाँ यहाँ बैठे हैं ? हेड ऑफ़ दि डिपार्टमेंट, वाइस चांसलर, एक्सपर्ट्स... ।"

"ये सब भी वही करेंगे, जो वह चाहेगा। मैं तो भई सच्ची, दो-रकात नफ़िल पढ़कर आई हूँ।"

"यानी तुम्हें यक़ीन है कि तुम्हारा हो जाएगा !"

यासमीन हँसी।

"यह किसने कहा ? होना न होना अलग बात है। अपना फ़र्ज़ पूरा करना अलग। तुम तो यह सब मानते नहीं, इसीलिए तुम्हें बुरा लगता है। वैसे मेरी मानो जमील तो अब से ठीक है, नमाज़ पढ़ना शुरू कर दो। नमाज़ में बड़ी बरकत है।"

"क्या नमाज़ पढ़ने या पूजा करने से यूनिवर्सिटी में लेक्चररशिप मिल सकती है ? अगर ऐसा होने लगे न, तो सारी की सारी यूनिवर्सिटियाँ नमाज़ियों और पुजारियों से भर जाएँ !"

"तुम नमाज़ पढ़ो या न पढ़ो, पर तुम्हारे लिए तो वैसे भी दिक़्क़त है।" यासमीन ने अपने चेहरे पर थोड़ी-सी दया का भाव लाते हुए कहा। "पहले तुम्हें उस स्कूल से निकलने की कोशिश करनी चाहिए। इंटर कॉलेज की टीचिंग यूनिवर्सिटी टीचिंग के लिए डिस्क्वालीफ़िकेशन मानी जाती है।"

यह व्यंग्य है, या यथार्थ ? जमील ने यासमीन से पूछना चाहा। मगर वह उसी क्षण उठ खड़ी हुई और अपनी साड़ी का पल्लू ठीक करती हुई लड़कियों के झुंड की तरफ़ चली गई। जमील उस जगह को देखता रहा, जहाँ यासमीन बैठी थी।

10

उस यूनिवर्सिटी में यासमीन की नियुक्ति हो गई—यह सूचना जमील को जिस वक़्त मिली; उस वक़्त बाहर ख़ूब बारिश हो रही थी। बारिश का मौसम जमील को बहुत पसन्द था। अगर उसका वश होता तो वह मौसम से कहता कि बारहो-मास बारिश होती रहे।

मगर, प्रकृति पर किसका वश है ?

जैसे कि किसी यूनिवर्सिटी पर।

अब यूनिवर्सिटी से तो यह नहीं कहा जा सकता न कि इसकी नियुक्ति करो और इसकी नहीं।

आख़िर यूनिवर्सिटी भी तो किसी ईश्वर अथवा अल्लामियाँ के सहारे चलती है।

ख़ैर, बारिश का मौसम बीता। रामलीला का मौसम आया। रावण जला। असत्य और अधर्म पर सत्य और धर्म की विजय हुई।

फिर आई दीवाली।

घर-घर दीये जले। पटाख़े छूटे। मिठाइयाँ बँटीं। जुए खेले गए। लक्ष्मी-पूजन हुआ।

दीयों से निकले ख़ुशबूदार धुएँ ने मौसम को ख़ुशगवार कर दिया।

दीवाली की छुट्टियों में जमील गाँव गया तो वापसी में अपने साथ बीवी और

पाँच महीने की बेटी को भी ले आया।

पढ़ाई के दिनों में जमील की इच्छा थी कि वह यासमीन से शादी करेगा, मगर 'हिन्दी' और 'हिन्दुओं' के बारे में उसका तथा उसके परिवार का विचार जान लेने के बाद उसकी वह इच्छा मर गई थी। 'क्यों न मैं किसी हिन्दू लड़की से विवाह करूँ ?' वह अक्सर सोचता, 'कितना अच्छा लगेगा, जब वह साड़ी पहने, बिन्दी लगाए, माँग में सिन्दूर भरे, हाथ में आरती की थाली लिए भगवान की पूजा किया करेगी !'

मगर सोचने से क्या होता है ? ऐसी इच्छा तो प्रेम-विवाह से ही पूरी हो सकती थी। और जमील था अध्यापक, जिसके लिए 'प्रेम' बिलकुल 'वर्जितफल' के समान था। इसलिए, न चाहते हुए भी, उसने उसी लड़की से शादी कर ली; जिसे उसके परिवारवालों ने चुना था। वैसे उसके परिवार वाले तो उसकी शादी ग्यारह-बारह साल की ऐसी लड़की से करना चाहते थे, जिसने 'बड़ी चीज़' (क़ुरआन शरीफ़) के अलावा कुछ भी नहीं पढ़ रखा था, मगर उस शादी से जमील ने साफ़ इनकार कर दिया था। मँगनी करने आए लोग उलटे पाँव लौट गए थे। 'अरे मैं ठहरा कवि और लेखक ! जब मेरा लिखा मेरी ही पत्नी नहीं पढ़ सकेगी तो दुनिया के पढ़ने से क्या होगा ?' जमील तर्क देता, 'फिर अभी वह एम.ए. है, कल को पी-एच.डी. हो जाएगा। और एक एम.ए., पी-एच.डी. की पत्नी अपने पति का पत्र पढ़वाने किसी और के पास जाए !'

परिवारवालों को उसका तर्क जँचा और उन्होंने यह नई लड़की ढूँढ़ दी। हाईस्कूल फ़ेल। पिता अति साधारण व्यक्ति, मगर स्थानीय स्तर पर थोड़ी-बहुत नेतागिरी कर लेते थे। माँ निरी अनपढ़। रहन-सहन गाँव के अन्य लोगों जैसी ही। कहीं से यह नहीं लगता था कि कोई मुस्लिम परिवार है। और सबसे मज़ेदार यह, कि लड़की का नाम हिन्दुओं जैसा। राबिया देवी। पहनना-ओढ़ना भी वैसा ही। साड़ी—कभी सीधे पल्ले की तो कभी उलटे। माथे पर टिकुली और माँग में सिन्दूर। देखकर कोई कह ही नहीं सकता था कि यह मुसलमान लड़की है। शहर में लगे नुमाइश में इक़बाल बहादुर राय भी धोखा खा गया था।

दरअस्ल इक़बाल बहादुर राय अब उसी शहर में आ गया था। अपने अख़बार 'भाग्य विधाता' की नई ब्रांच में विशेष संवाददाता बनकर। नुमाइश में वह रिपोर्टिंग करने के लिए पहुँचा हुआ था। जमील ने ही उसे देखा था,

मगर सामना होने पर राय अचकचा गया था।

"ये बहिन जी कौन हैं ?" सलाम-दुआ की औपचारिकता के बाद उसने पूछा तो जमील को हँसी आ गई।

"ये तुम्हारी भाभी हैं, सलाम करो।" जमील ने बिलकुल बड़े भाई की तरह उसे आदेश दिया।

"मगर..."

"मगर-फगर छोड़ो, चलो उधर चलकर बैठते हैं।" जमील ने उसे टोक दिया और पत्नी से बोला, "राबिया, जाकर मुन्नी को झूला झुला दो।"

राबिया मुन्नी को लेकर बिजली के झूले की तरफ़ चली गई।

जमील और राय एक रेस्त्राँ के बाहर लगी बेंचों पर बैठ गए। जमील ने ऑर्डर दिया : 'दो कॉफ़ी !'

"और सुनाओ ! यहाँ कैसे ?"

जमील ने बात शुरू की।

"पहले यह बताओ, शादी कब की ? और ये हिन्दू लड़की तुम्हें मिल कहाँ से गई ?"

राय ने कॉफ़ी का सिप लेते हुए हैरत के साथ प्रश्न किया।

"शादी तो यार काफ़ी पहले हो गई थी। अचानक सब कुछ हुआ, इसलिए किसी को ख़बर नहीं कर सका।" जमील झेंप मिटानेवाले अन्दाज़ में बोला, "मगर यह हिन्दू नहीं है, मुसलमान है। एकदम तुम्हारी तरह।"

"मतलब ?"

"मतलब यह, कि जैसे तुम नाम से तो हिन्दू लगते हो, मगर हो मुसलमान। उसी तरह यह देखने में तो हिन्दू लगती है, मगर है मुसलमान।"

"नाम क्या है ?"

"नाम में थोड़ी-सी चूक है।"

"क्या मतलब ?"

"आगे का हिस्सा तो एकदम हिन्दुओं जैसा है, मगर पहला...ख़ैर छोड़ो, तुम बताओ। यहाँ कैसे ?"

जमील की कॉफ़ी ख़त्म हो गई थी, मगर अभी वह उठना नहीं चाह रहा था। राबिया भी लौटकर नहीं आई थी। इक़बाल बहादुर राय नुमाइश में लगी दुकानों को चकर-पकर देख रहा था।

"और कैसे," राय ने कॉफ़ी का प्याला मेज़ पर रखते हुए कहा, "अपने

अख़बार की नई ब्रांच खुली है न यहाँ, उसी में सालों ने भेज दिया है।"

"किन सालों ने ? अख़बार के मालिकों ने या हिन्दुओं ने ?" जमील ने कुढ़ते हुए पूछा।

"एक ही बात है। चाहे मालिक कह लो या हिन्दू।"

"मगर तुम तो मुसलमान हो !"

"शि...शि...धीरे बोलो।" राय ने तर्जनी अपने होंठों से लगाते हुए कहा।

"क्यों ?"

"मैं यहाँ हिन्दू बनकर रह रहा हूँ," राय ने फुसफुसाते हुए कहा, "कमबख़्त क्या मुसीबत है ! इस शहर के मुहल्ले भी हिन्दू और मुसलमान हैं। मगर कोई भी मुसलमान मुहल्ला मुझे मुसलमान मानने को तैयार नहीं। कहते हैं, राय भी कहीं मुसलमान होता है !"

"तो क्या मुसीबत है, हिन्दू मुहल्ले में रहो। तुम्हें अख़बार में काम करना है, कि मस्जिद में ?"

"वही तो मुसीबत है," राय ने गला साफ़ करते हुए कहा, "हमारे मुहल्ले में हैं तो सब हिन्दू, मगर वहीं पास में एक शिया फ़ेमिली भी रहती है। नए किरायेदार हैं, किसी ने रहम करके—या क्या कहते हैं यार, दया करके रख लिया है। अब सुनो, मुहर्रम के दिनों में उनके यहाँ मजलिस हो रही थी। जब औरतों का रोना-पीटना मचा तो मेरे किरायेदार की पत्नी परेशान हो गई। मुझसे कहने लगीं, जाकर देखो तो लल्ला क्या बात है। और सुनो, मेरे मुँह से निकल गया, कोई बात नहीं है। मजलिस हो रही है। शिया मुसलमानों का रिवाज है यह। इस पर क्या बताऊँ, मेरे मकान मालिक ने जिरह शुरू कर दी। 'आपको कैसे पता ? आप कैसे जानते हैं कि वे शिया मुसलमान हैं ? ये मजलिस क्या होती है ? हमने तो आज तक नहीं सुना कि त्योहार पर भी कोई छाती पीट-पीटकर रोता है...' अब क्या बताऊँ तुमसे ! सवालों की झड़ी लगा दी उन्होंने। बड़ी मुश्किल से समझा पाया कि हमारे गाँव में भी इसी तरह की एक फ़ेमिली है, वहीं मैंने देखा है। मगर उन्हें मुझ पर शक हो गया है। आते-जाते इस तरह घूरते हैं, जैसे मैं उनका किरायेदार नहीं, उनकी बेटी का आशिक़ हूँ।"

"उनकी कोई बेटी है ?" जमील ने चुटकी ली।

"बिटिया सो गई है, अब चलिए।" तभी मुन्नी को लिए राबिया वहाँ आकर खड़ी हो गई।

जमील और राय भी खड़े हो गए।

''मैंने तो पूछा ही नहीं, तुम यहाँ क्या कर रहे हो ?'' राय ने चलते-चलते सवाल किया।

''मास्टरी। महात्मा गांधी इंटर कॉलेज में।''

''क्या ? तुम्हें रख लिया ?'' राय इस तरह चौंका मानो बिजली का करंट लग गया हो।

''रखते क्यों नहीं, उन्हें तो तलाश ही थी, किसी 'मीम' की।''

जमील ने उत्तर दिया और एक रिक्शेवाले को रुकने का इशारा किया।

''यार जमील, कोई जगह ख़ाली हो तो मुझे भी लगवा दो वहीं। एक 'मीम' का और भला होगा। इस 'भाग्य विधाता' की नौकरी से तो मैं तंग आ गया हूँ।''

राय ने बड़ी आजिज़ी से कहा और सलाम करके अपने रास्ते चला गया। जमील अपनी पत्नी के साथ रिक्शे पर बैठ गया। रिक्शा चल पड़ा। पीछे नुमाइश की बत्तियाँ चुड़ैल की आँखों की तरह झिलमिला रही थीं।

''ये 'मीम' क्या होता है जी ?''

रास्ते में राबिया देवी ने पूछा तो जमील ने कोई जवाब नहीं दिया। बोला :

''मुन्नी को ठीक से पकड़कर बैठना, आगे सड़क ख़राब है, रिक्शा उछलेगा।''

राबिया चुप रही।

जमील के पास दो कमरे थे। मगर आगे-पीछे या नीचे-ऊपर नहीं, बल्कि अगल-बग़ल। पढ़ाई के दिनों में जमील सोचा करता था कि नौकरी मिल जाने के बाद वह ढंग से अपना घर बसाएगा। एक ड्राइंगरूम होगा, जिसमें सोफ़ा-सेट रखा होगा। वहीं बैठकर दोस्तों के साथ साहित्य-चर्चा होगी। बेडरूम में डबलबेड होगा। बच्चा आएगा तो बग़ल में खटोलानुमा झूला होगा। एक किचन होगा। एक टॉयलेट-कम-बाथरूम...जमील ने ऐसा मकान ढूँढ़ा भी, मगर नहीं मिला। ऐसे घर उस शहर के सिर्फ़ हिन्दू मुहल्लों में थे। मुसलमान मुहल्लों में या तो किराये के घर मिलते ही नहीं थे, या फिर इसी तरह के ऊटपटाँग कमरे मिलते थे। जो मकान कुछ ठीक-ठाक होते थे उनका

किराया बहुत ज़्यादा होता था। इन दो कमरों के वह छब्बीस रुपए देता था। टॉयलेट बाहर था, कुएँ के पास। नल नहीं था। आसपास के लोग भी उसी टॉयलेट का इस्तेमाल करते थे। दोनों कमरों में एक-एक बल्ब लगा था। चालीस वॉट के। उन दोनों बल्बों के स्विच पीछे, मकान-मालिक के मकान में थे। शाम को, अँधेरा होने के बाद वे ऑन कर दिए जाते थे और रात ग्यारह बजे के बाद ऑफ़। सामने पतला-सा बरामदा था। उसी बरामदे में राबिया ने अपना किचन बना रखा था। एक कमरे में चारपाई रखकर उसे बेडरूम का रूप दिया गया था। उसी कमरे में अलगनी बाँधकर कपड़े टाँगने का इंतज़ाम किया गया था। गृहस्थी की दूसरी चीज़ें भी वहीं रखी जाती थीं। दूसरे कमरे को जमील ने ड्राइंगरूम जैसा बना रखा था। एक तरफ़ लकड़ी की एक अलमारी थी, जिसमें किताबें ठुँसी हुई थीं। लिखने के लिए ज़मील ने एक सस्ती-सी मेज़ ख़रीद रखी थी। बैठने के लिए तीन कुर्सियाँ थीं—एक लकड़ी की और दो बेंत की बुनी हुईं। बेंत की कुर्सियाँ अतिथियों के लिए थीं। कुर्सियों के सामने एक स्टूल रखा रहता था, चाय वग़ैरह रखने के लिए। दीवार पर एक कैलेंडर था, जिस पर छपी हुई औरत से राबिया चिढ़ती थी। कहती थी, 'यासमीन ज़रूर ऐसी ही होगी, तभी तो आप उससे शादी करना चाहते थे !'

यासमीन यूनिवर्सिटी में लेक्चरर हो गई थी, जमील को पता था। 'भारतीय मुसलमानों के रीति-रिवाज' नामक उसकी एक किताब भी इस बीच छप चुकी थी। यह किताब उसे फुटपाथ पर बिकनेवाली किताबों के बीच दिखी थी, जिसे वह ख़रीद लाया था और राबिया से कहा था, पढ़ना।

"इसमें एक बात तो लिखी ही नहीं है।" राबिया ने किताब पढ़ने के बाद कहा था।

"क्या" जमील ने चौंककर पूछा था।

"यही, कि दीवाली की रात मुसलमान औरतें भी चूल्हे के पास और देहरी पर दीया जलाती हैं।"

"तुमने कहाँ देखा ?"

"अपने गाँव में।"

"तभी तो वहाँ लोग लड़कियों के नाम के आगे 'देवी' लगाते हैं।"

"तो क्या हुआ ?"

जमील ने इस सवाल का कोई जवाब नहीं दिया था।

और दीवाली की रात राबिया देवी ने जब देहरी पर और चूल्हे के पास दीया जलाया तो जमील बस मुस्कराकर रह गया।

दीवाली बीतते न बीतते शबे-बरात का त्योहार आ टपका। घर-घर हलवे बनाने की तैयारियाँ शुरू हो गईं। जमील से कहकर राबिया ने भी ज़रूरी चीज़ों की लिस्ट बनवाई। सूज़ी, मैदा, बेसन सेवईं...घी, चीनी, मेवे...चम्मच...

''चम्मच किसलिए ? तुम्हारे यहाँ क्या चम्मच का हलवा भी बनता है ?''

जमील ने पूछा तो राबिया हँस दी।

''अरे बाबा, गीला हलवा लोग खाएँगे कैसे ?''

जमील का दिल बैठ गया। इतने दिनों की नौकरी में चम्मच तक नहीं आ सके थे घर में। आटा, चावल, दाल, सब्ज़ी-तरकारी वग़ैरह से जो पैसे बचते, उनसे गृहस्थी की कोई न कोई चीज़ ख़रीद ली जाती। हाल ही में उसने एक लिहाफ़ बनवा लिया था। मुन्नी के लिए स्वेटर अगले महीने की तनख़्वाह से ख़रीदने का विचार था। उसकी ख़ुद की पैंट भी बहुत पुरानी हो गई थी। टेरेलिन का सस्तावाला कपड़ा हर जगह से भसक गया था...

''क्या सोचने लगे, छोड़िए; हो जाएगा सब।'' जमील को चिन्तित देखकर राबिया ने कहा और जाग गई मुन्नी को उठाकर दूध पिलाने लगी।

''कैसे हो जाएगा ? क्या चम्मचों के लिए अपने मायकेवालों को लिखोगी ?'' जमील ने चिढ़कर सवाल किया; क्योंकि किसी-किसी चीज़ के लिए राबिया अपने वालिद को लिख दिया करती थी और वे भिजवा भी देते थे।

''आप भी क्या उलटा-सीधा बकते हैं,'' ''राबिया ने मुन्नी को 'दूध' से अलग हटाकर 'जन्मघूँटी' पिलाते हुए कहा, ''आप ये जो जनमघूँटी लाते हैं न, इसके साथ एक छोटी-सी चम्मच भी होती है। ऐसी पाँच-छह चम्मचें हो गई हैं। इन्हीं से काम चल जाएगा। लीजिए इसे सँभालिए, मैं गरी काट लूँ।''

जमील मुन्नी को गोद में लेकर टहलने लगा। उस वक़्त मुन्नी अगर हँस न रही होती तो वह शायद रो पड़ता।

शबे-बरात के दिन कॉलेज के टीचर और मुहल्ले के कई लोग जमील के यहाँ आए और हलवा खा-खाकर चले गए। मगर सिद्दीक़ी साहब और

अंसार अहमद जमे रहे। दिसम्बर का महीना था। बाहर हल्की-हल्की बारिश हो रही थी। राबिया 'बेडरूम' वाले कमरे में बच्ची को लिए लेटी हुई थी। उस कमरे और ड्राइंगरूम वाले कमरे के बीच में जो दीवार थी, उसकी एक ईंट उखड़ी हुई थी, इसलिए उधर की आवाज़ इधर और इधर की आवाज़ उधर सुनाई पड़ती थी। राबिया बच्ची को सुलाने के लिए कुछ गुनगुना रही थी।

"कलमा तो पढ़ा लिया है न ?"

अचानक सिद्‌दीक़ी साहब ने धीमे से पूछा तो जमील चौंक गया।

"क्या ?"

"यही, कि अपनी अहलिया को दीन में तो ले लिया है न ?"

"क्यों ? आप लोग क्या समझते हैं..."

जमील थोड़ा सख़्त हुआ। वह कुछ कहना चाहता था, मगर दोनों ने इसका अवसर ही नहीं दिया।

"आप समझे नहीं, बात हम लोगों की नहीं है। लोगों में चर्चा है कि..."

"कि मेरी बीवी हिन्दू हैं !" जमील अब बुरी तरह चिढ़ गया था।

"जी..."

"जी नहीं, वो मुसलमान हैं।"

"मगर वो देवी...और वो सिन्दूर..."

"देखिए, उनके गाँव में सभी लोग हिन्दू हैं। मुसलमानों के सिर्फ़ दो घर हैं। पड़ोस की लड़कियों के नाम सीता देवी, उर्मिला देवी वग़ैरह हैं। उसी तरह इनका नाम राबिया देवी रख दिया गया। गाँव में सभी शादीशुदा लड़कियाँ सिन्दूर लगाती हैं तो ये भी लगाती हैं। फिर इसमें हर्ज ही क्या है ?"

"हर्ज है जमील साहब, हर्ज है," सिद्‌दीक़ी साहब ने ज़ोर देकर कहा, "इस्लाम इसकी इजाज़त नहीं देता। हमें काफ़िरों जैसा बाना नहीं अख़्तियार करना चाहिए।"

"काफ़िर किसे कहते हैं, पता है ?" जमील अब बहस के मूड में आ गया था।

"हिन्दुओं को।" अंसार साहब ने फ़ौरन जवाब दिया।

"यानी अरब में हिन्दू भरे हुए थे, क्यों ?"

"अरे भाई छोड़िए इस बहस को," सिद्‌दीक़ी साहब ने टोका, "आप ऐसा कीजिए जमील साहब कि भाबी साहिबा का नाम राबिया देवी की जगह

राबिया बेगम कर दीजिए।''

''उससे क्या होगा ?''

''लीजिए, आप लोग चाय पीजिए।'' तभी यह कहती हुई जमील की पत्नी अन्दर आई और स्टूल पर चाय की ट्रे रखकर चली गई। कमरे में सन्नाटा छा गया।

बारिश अब थम गई थी, मगर बाहर खड़े शहतूत के पेड़ से बूँदें टपक रही थीं। जमील कमरे की एकमात्र खिड़की से बाहर का दृश्य देख रहा था। सिद्दीक़ी साहब और अंसार अहमद साहब चाय पीने में मशगूल हो गए थे।

''हमारे यहाँ सी.टी. ग्रेड में एक जगह ख़ाली है न ?'' जमील ने सिद्दीक़ी साहब से मुख़ातिब होकर बात का रुख़ मोड़ने की कोशिश की।

''कहाँ ख़ाली है ? गुप्तवा ले तो आया था एक आदमी को उस रोज़। अरे, क्या तो नाम था उसका ! हाँ कालीचरन। उसी को शायद रखेंगे।''

अंसार अहमद ने निराशा के स्वर में कहा।

''मगर हम रखने देंगे तब न ! मैनेजर की खाट खड़ी कर देंगे। अब कोई साला 'हे' नहीं आ सकता इस कॉलेज में।''

सिद्दीक़ी साहब ने जोश के साथ कहा।

''आपकी नज़र में कोई कैंडीडेट है क्या, जमील साहब ?''

अंसार अहमद ने पूछा तो जमील को थोड़ी-सी आशा बँधी। बोला :

''हाँ, है। इसीलिए तो पूछ रहा हूँ। मेरा एक दोस्त है। इसी शहर के एक अख़बार में काम करता है। मगर वहाँ से वह निकलना चाहता है। वहाँ तनख़्वाह भी कम है और छुट्टी कोई नहीं। कभी-कभी तो इतवार को भी ऑफ़िस जाना पड़ता है।''

''बी.एड. है ?'' अंसार साहब ने सवाल किया।

''शायद बी.टी.सी. है।'' जमील ने अनुमान से उत्तर दिया।

''और सब्जेक्ट ?''

''अरे सब्जेक्ट का क्या करना है,'' अंसार साहब को बीच में ही टोकते हुए सिद्दीक़ी साहब ने कहा, ''सी.टी. ग्रेड में सब्जेक्ट थोड़े न देखते हैं।''

''लड़का तेज़ है, सब कुछ पढ़ा लेगा।'' जमील ने अपने कैंडीडेट की तारीफ़ की।

''मैथमेटिक्स भी ?''

अंसार साहब ने आश्चर्य के साथ जमील की ओर देखा, हालाँकि वे ख़ुद

मैथमेटिक्स में कमज़ोर थे।

"अरे छोड़िए मैथमेटिक्स-फैथमेटिक्स," सिद्दीक़ी साहब ने उन्हें झिड़का और जमील से मुख़ातिब हुए, "यह बताइए जमील साहब, आपका कैंडीडेट 'हे' है या 'मीम' ?"

जमील का चेहरा तन गया। 'विद्यार्थियों को पढ़ाने की नौकरी योग्यता के आधार पर मिलनी चाहिए या जाति-धर्म के आधार पर ? मगर उसका सेलेक्शन भी तो मुसलमान होने की वजह से ही हुआ है।' उसके मस्तिष्क में दोनों विचार एक साथ आए और वह सँभल गया। बोला :

"उसका नाम इक़बाल बहादुर राय है।"

"फिर तो डेफ़नेटली 'हे' है।" अंसार अहमद ने तत्काल कहा।

"क्यों ? अल्लामा इक़बाल क्या हिन्दू थे ?" जमील ने चिढ़कर सवाल किया।

"यस, उनके पूर्वज हिन्दू ही थे।"

अंसार अहमद ने स्टूल पर मुक्का मारा तो चाय की ट्रे गिरते-गिरते बची।

"पहले तो हिन्दुस्तान का हर मुसलमान हिन्दू था।" जमील ने खिड़की से बाहर देखते हुए कहा। बाहर फिर बारिश होने लगी थी।

"ग़लत," सिद्दीक़ी साहब ने दावे के साथ कहा, "एकदम ग़लत। हमारे पुरखे तो जद्दा से आए थे।"

"ख़ैर छोड़िए," अंसार अहमद ने बीच में उन्हें टोकते हुए कहा, "आप साफ़-साफ़ बताइए कि वह 'हे' है या 'मीम'।"

"अगर मैं यह कहूँ कि वह एक प्रगतिशील नवयुवक है तो ?"

जमील ने जान-बूझकर बात को उलझाया।

"यानी कम्युनिस्ट ?"

सिद्दीक़ी साहब ने आँखें फाड़कर पूछा।

"कम्युनिस्ट होना अलग बात है और प्रोग्रेसिव होना अलग।"

जमील ने इस तरह कहा मानो अपनी सफ़ाई दे रहा हो।

"ए मुन्नी के पापा, ज़रा सुनिए, देखिए तो इसे क्या हो गया," उसी वक़्त राबिया की घबराई हुई आवाज़ आई, "मार उल्टी पे उल्टी किए जा रही है।"

जमील उठकर दूसरे कमरे की ओर भागा। सिद्दीक़ी साहब और अंसार अहमद भी उठ खड़े हुए।

"बिटिया को फ़ौरन डॉक्टर के यहाँ ले जाइए।" दोनों ने साथ-साथ कहा और अपने-अपने सर पर रूमाल रखते हुए चल पड़े। बारिश अभी भी हो रही थी।

जमील मुन्नी को लेकर डॉक्टर के यहाँ गया। डॉक्टर रिज़वी का मकान पास में ही था। वे अपने घर पर ही होम्योपैथी की प्रैक्टिस करते थे। फ़ीस उनकी बँधी-बँधाई थी। एक रुपया। रोग कोई-सा भी हो, एक रुपए से ज़्यादा वे किसी मरीज़ से नहीं लेते थे। डॉक्टरी के अलावा शे'रो-शायरी में भी उनकी रुचि थी। जमील को देखते ही उनकी वह रुचि कुलबुलाने लगती थी।

"हाँ, तो पंडित जमील अहमद जी, आजकल क्या लिख रहे हैं ?"

दवा की शीशी थमाते हुए डॉ. रिज़वी ने पूछा तो जमील को बड़ी कुढ़न हुई।

"यह दवा कितनी बार देनी है ?" जमील ने डॉक्टर के सवाल को नज़रअंदाज़ करते हुए पूछा।

"तीन बार। एक ख़ुराक अभी पिला दीजिए। लाइए, मुझे दीजिए, मैं पिलाता हूँ।"

यह कहकर डॉक्टर ने शीशी जमील से ले ली। उन्होंने मुन्नी को दवा पिलाई और शीशी टेबल पर दख दी।

"सरहाने 'मीर' के आहिस्ता बोलो,
अभी टुक रोते रोते सो गया है।

इस शे'र के टक्कर की कोई कविता है हिन्दी में ?"

डॉक्टर रिज़वी ने इस तरह पूछा मानो जमील उनका विद्यार्थी हो और वे उसकी परीक्षा लेना चाहते हों।

"हाँ, क्यों नहीं," जमील ने शीशी उठाकर खड़े होते हुए कहा, "गोरी सोवे सेज पर, मुख पर डारे केस, चल ख़ुसरो घर आपने रैन भई चहुँदेस।"

"किसकी है ?" डॉक्टर ने आँखें फाड़कर पूछा।

"अमीर ख़ुसरो की।"

"वही तो," डॉक्टर रिज़वी मुस्कराए, "ऐसी शायरी कोई मुसलमान ही कर सकता है। आपके तुलसी-फुलसीदास क्या खाकर लिखते ऐसी चीज़ ?"

जमील को ग़ुस्सा तो बहुत आया, मगर मुन्नी की हालत देखकर चुपचाप बाहर निकल गया।

रात में, जब खा-पीकर वे लेटे तो राबिया ने जमील से एक सवाल पूछा।

"ये आप लोग 'हे' और 'मीम' कह-कहकर क्या बतिया रहे थे ?"

"क्यों, तुम्हें नहीं मालूम कि 'हे' और 'मीम' उर्दू के अक्षर हैं ?" जमील ने चिढ़कर जवाब दिया।

"वो तो मालूम हे, मगर 'हे' और 'मीम' का कुछ मतलब तो होगा ?"

राबिया की जिज्ञासा वैसी ही बनी हुई थी।

"हाँ है," जमील ने रुखाई से कहा, " 'हे' से 'हिरन' और 'मीम' से 'मछली।' "

राबिया को हँसी आ गई। बोली :

"हाँ, हिरन हो तो उसे मारकर खा जाओ और मछली हो तो उसे। आपको हमेशा खाने की चीज़ों के नाम ही याद आते हैं। हमारे अब्बा तो बताते थे, 'हे' से 'हाथी' होता है और 'मीम' से 'महल'।"

"वे नेता हैं न, इसीलिए।"

"क्या मतलब ?"

"मतलब साफ़ है। कोई भी नेता, चाहे किसी पार्टी का हो, कभी नहीं चाहेगा कि जनता को सही बात मालूम हो।"

"यानी, मैं जनता हूँ ?"

राबिया ने ज़रा ग़ुस्से के साथ कहा।

"जो राजनीति में नहीं है, वह जनता है। चाहे वह बेटी ही क्यों न हो !"

जमील ने चिढ़कर जवाब दिया।

"फिर आप ही बताइए कि सही बात क्या है ? आप तो लेखक हैं।"

"सही बात यह है कि 'हे' से होता है 'हिन्दू' और 'मीम' से मुसलमान। समझी !"

जमील ने लगभग डाँटते हुए कहा और पास लेटी मुन्नी को सहलाने लगा।

राबिया चुप हो गई। बाहर, बारिश तेज़ हो गई थी।

थोड़ी देर बाद कमरे की लाइट बुझ गई।

11

उस दिन जमील देर से कॉलेज पहुँचा था।

प्रिंसिपल साहब छुट्टी पर थे। चार्ज चन्द्रशेखर जी को दे गए थे। सीनियर तो अंग्रेज़ी के प्रवक्ता सज्जाद साहब थे, पर मैनेजर का निर्देश था कि छुट्टी जाने पर प्रिंसिपल साहब चन्द्रशेखर जी को ही चार्ज दिया करें।

चन्द्रशेखर जी प्रिंसिपल की कुर्सी पर विराजमान थे और पान घुला रहे थे। जमील के पहुँचने पर उन्होंने हस्ताक्षर का रजिस्टर उसके सामने रख दिया। जमील के नाम के आगे 'लाल' निशान लगा हुआ था। जमील ने घड़ी देखकर टाइम दर्ज किया और अपना हस्ताक्षर करके बाहर निकलने लगा तो चन्द्रशेखर जी की आवाज़ सुनाई पड़ी।

''बैठिए ज़नाब, आपकी कक्षा में हमने दूसरे अध्यापक को भेज दिया है।''

जमील सामने की कुर्सी पर बैठ गया।

चन्द्रशेखर जी ने मेज़ पर रखी घंटी दबाई तो चपरासी आ खड़ा हुआ।

''दो चाय और पान,'' चन्द्रशेखर जी ने आदेश दिया, ''आप तो मीठा पान लेंगे न ?'' उन्होंने जमील से पूछा।

''जी नहीं, सादा। बस इलायची और ख़ुशबू।'' जमील ने चपरासी की ओर देखते हुए कहा। चपरासी चला गया।

''ऐसा है पंडित जी,'' चन्द्रशेखर जी ने बग़ैर किसी भूमिका के जमील से कहा, ''कि आप हमें उर्दू शिखा दें। क्या शुन्दर भासा है। हमारे पिताजी जानते थे। वो तो हमें भी शिखाना चाहते थे, मगर मज़बूरी ये थी कि हम पढ़ते थे कॉमर्श। अब कहाँ तो क़ॉमर्श और कहाँ उर्दू...''

"मगर उर्दू सीखकर आप करेंगे क्या ?" जमील ने उन्हें टोका, "अब तो उर्दू जाननेवालों की कोई पूछ रही नहीं।"

"मगर शारे बड़े-बड़े सायर तो उर्दू में ही हुए हैं। गालिब को देखो, इकबाल को देखो, और क्या नाम है उनका, हाँ, ज़िगर मुरादाबादी को देखो..."

"तो क्या आप शायरी करेंगे ?" जमील ने चुटकी ली तो चन्द्रशेखर जी मुस्कराए !

"नहीं भाई हम सायरी-फायरी तो क्या करेंगे, बश ये शमझिए कि ये भासा हमें अच्छी लगती है," चन्द्रशेखर जी ने आगे झुकते हुए कहा, "इश भासा में कितने शुंदर-शुंदर विचार हैं ! जैसे इंसाअल्ला, मासाअल्ला, फीअमानुल्ला...

"फ़ी–अमान-अल्लाह !"

जमील ने टोका।

"हाँ वही," चन्द्रशेखर जी जारी रहे, "अच्छा पंडित जी, ये बताइए कि अल्लाताला का क्या मतलब है ? कहीं यह तो नहीं कि ईश्वर एक 'ताला' है और हम सब उसकी कुंजियाँ हैं।"

"देखिए चन्द्रशेखर जी, ये सब धार्मिक बातें हैं। इनके बारे में किसी धार्मिक व्यक्ति से ही विचार-विमर्श किया जाए तो बेहतर होगा। मैं चलता हूँ।"

जमील ने बात टालकर उठ जाना चाहा, मगर तभी चाय आ गई थी। एक पत्ते में बँधे हुए पान भी चपरासी रख गया था।

"अच्छा छोड़िए, लीजिए चाय पीजिए।" चन्द्रशेखर जी ने मानो बात को समाप्त करते हुए कहा और स्वयं एक कुल्हड़ उठाकर चाय पीने लगे। जमील ने दूसरा कुल्हड़ उठा लिया।

"मैं तो शमझता हूँ ये हिन्दू-मुशलमान का लफड़ा ही बेकार है," चन्द्रशेखर जी ने बातचीत का रुख़ मोड़ा, "आए दिन दंगा-फशाद, मार-काट, ज़वान लड़कियों-औरतों से दुर्व्यव्यहार...एक देस में एक ही कौम हो तो जादा अच्छा। मैं तो कहता हूँ–यानी मैं–आवस्यक नहीं कि आप मुझशे शहमत हों; औरंगजेब शही आदमी था। उशी तरह की नीति आज़ादी के बाद अपनाई जानी थी।"

"यानी, हर आदमी को हिन्दू बना दिया जाना चाहिए था।" जमील ने

अपनी चाय ख़त्म करते हुए कहा।

"नहीं नहीं, आप गल्त समझ गए," चन्द्रशेखर जी ने पत्ते में बँधे पान निकालते हुए कहा, "हर आदमी को भारतीय बना दिया जाना चाहिए था।"

"तो क्या हर आदमी भारतीय नहीं है ?"

जमील ने पान में से सुर्ती के कण झाड़ते हुए कहा। चपरासी दोनों पान एक ही साथ ले आया था। दोनों सादे थे; सुर्ती अलग से रखी हुई थी।

"भारतीय तो है, मगर शमझता नहीं। कोई श्वयं को हिन्दू शमझता है और कोई मुशलमान !"

"यह इस देश की विशेषता है, यहाँ सदियों से लोग ऐसे ही रहते चले आए हैं। यहाँ तक कि, इस देश के हिन्दू भी एक जैसे नहीं रहे, न हैं। कोई शिव का उपासक है तो कोई विष्णु का..."

"फिर भी," चन्द्रशेखर जी ने टोका, "मैं तो शमझता हूँ कि औरंगजेब ठीक था। एक देस में एक कौम का होना ही ठीक है।"

"है तो," जमील ने पान हाथ में लिए लिए ही कहा, "पाकिस्तान में है। और ख़ूब शान्ति है वहाँ, क्यों ?"

"फिर भी," चन्द्रशेखर जी ने पान घुलाते हुए, मुँह ऊपर करके कहा, "मुशलमान फिर भी अच्छे हैं।"

"और हिन्दू ? वे किस बात में बुरे हैं ?" जमील ने चिढ़कर पूछा।

"अच्छा ये बताइए ज़मील शाहब, फीअमानुल्ला का क्या मतलब होता है ?"

चन्द्रशेखर जी ने फिर बात बदल दी।

"अल्लाह अपने संरक्षण में रखे...जहाँ तक मैं समझता हूँ, यही अर्थ है।"

"अच्छा, तो फ़ी का अर्थ है रखे ?"

"यह मैं नहीं कह सकता। मुझे अरबी भाषा का ज्ञान नहीं है।"

"फी का मतलब 'प्रति' भी तो होता है। जैसे फी आदमी, अर्थात् प्रति व्यक्ति।"

"कहा न, मुझे नहीं पता।" और मुँह में पान दबाकर जमील खड़ा हो गया। उसी वक़्त दो बार घंटी बजी, टिन्न्, टिन्न !

"बैठिए न, यह घंटी तो ख़ाली है आपकी !" चन्द्रशेखर जी ने उठकर खिड़की से पान की पीक थूकते हुए कहा। मगर तब तक जमील बाहर निकल गया था।

बाहर निकलते ही जमील का सिर चकराने लगा। वह ऑफ़िस के सामने, बरामदे में बैठ गया। उसे उल्टियाँ होने लगीं।

"क्या हुआ ? क्या हुआ मास्टर साहब ?"

यह कहते हुए कॉलेज के कई अध्यापक, चपरासी और विद्यार्थी वहाँ आ गए थे। सिद्दीक़ी साहब बैठकर उनकी पीठ सहला रहे थे। एक चपरासी पानी लेकर कुल्ली करा रहा था।

"लगता है, पान में सुर्ती लगी रह गई थी।" जमील ने बस इतना ही कहा और विद्यार्थियों के सहारे उठकर स्टाफ़रूम में बैठ गया।

"पान कहाँ खाया था आपने ?" सिद्दीक़ी साहब ने पूछा तो उसने उत्तर दिया : "प्रिंसिपल के कमरे में। चन्द्रशेखर जी ने खिलाया था।"

"चन्द्रशेखरवा ने जान-बूझकर शैतानी की होगी।" अंसार अहमद साहब बोले और घृणा के साथ मुँह बिचकाया।

जमील को समझ में नहीं आ रहा था कि वाक़ई क्यों उल्टी हुई थी उसे। पान में लगे रह गए सुर्ती के कणों के कारण या चन्द्रशेखर जी की बातों के कारण। वह बेंच पर निढाल होकर लेट गया।

जमील ने अब दूसरी तरह की कविताएँ लिखनी शुरू कर दी थीं। गीतों का ज़माना लद गया था। साहित्य की दुनिया में अब जो कविताएँ लिखी जा रही थीं, उन्हें लोग 'नई कविता' के नाम से पुकारते थे। हालाँकि जमील को पता था कि 'नई कविता' वाला आन्दोलन भी पुराना पड़ चुका था। मगर नाम अमिट था। अतः उसने भी मान लिया था कि वह कविता के नाम पर जो कुछ लिख रहा है वह 'नई कविता' ही है। जमील की ये कविताएँ उसकी बीवी राबिया देवी की समझ में नहीं आती थीं और जमील इससे ख़ुश था।

"जानती हो, फ्रांस के मशहूर कवि मलार्मे का कहना था कि..."

एक दिन उसने अपनी कविताओं की जटिलता के लिए सफ़ाई देनी चाही तो राबिया देवी बीच में ही उठकर चली गई थी। उसका कथन अधूरा रह गया था।

पत्नी की यह उदासीनता जमील से सही नहीं गई और उसने अपना ध्यान कहानियों की तरफ़ मोड़ दिया। कहानियाँ वह ठीक-ठाक लिख लेता था। पात्रों का चयन अपने आसपास से ही किया करता था। कई कहानियों

की नायिका तो राबिया देवी ही थी। एक कहानी उसने अपने पड़ोस में रहनेवाले एक दुकानदार की लड़की रुख़साना पर ही लिख मारी थी, जो एक धनवान, हिन्दू लफंगे के जाल में फँसी हुई थी।

"आप उससे इसलिए चिढ़ते हैं कि वह 'हे' है।"

कहानी पढ़ने के बाद राबिया देवी ने अपनी प्रतिक्रिया व्यक्त की तो जमील ने हँसते हुए कहा :

"नहीं, इसलिए बिलकुल नहीं कि वह 'हे' है, बल्कि इसलिए कि वह 'लाम' है।"

"क्या मतलब ?"

"लाम यानी लफंगा ! समझी।"

राबिया देवी चुप हो गई।

उस कहानी का नाम था 'पतझड़ में वसन्त'।'

इसी शीर्षक से जमील का पहला कहानी-संग्रह प्रकाशित हुआ।

इक़बाल बहादुर राय ने जमील के पुस्तक-प्रकाशन की इस घटना को समाचार बनाकर 'भाग्य विधाता' के स्थानीय संस्करण में छाप दिया।

फिर क्या था, नगर के साहित्य-प्रेमियों ने 'पतझड़ में वसन्त' पर एक गोष्ठी का आयोजन कर डाला। प्रो. कमल ने गोष्ठी की अध्यक्षता करनी स्वीकार कर ली।

जून का महीना। लू ऐसी चल रही थी मानो हवा में आग भरी हो। सड़क पर लोग अधनंगे घूम रहे थे। छतरीवाले रिक्शों की बहार आ गई थी। मगर जमील को जो रिक्शा मिला था, वह नंगा था। वह अपनी किताब पर आयोजित गोष्ठी में जा रहा था। साथ में राबिया देवी भी बिटिया को गोद में लिए बैठी थी।

"छतरीवाला रिक्शा लेना था," राबिया देवी ने रास्ते में कहा, "देख रहे हैं, मुनिया का चेहरा लाल हो रहा है।"

"वह देखो।" जमील ने जवाब में एक मन्दिर की ओर इशारा किया।

मन्दिर के द्वार पर लिखा था : 'अहिन्दू का प्रवेश वर्जित।'

"नीचे उर्दू में भी कुछ लिखा है !"

राबिया देवी ने बिटिया को सँभालते हुए किंचित् जिज्ञासा के साथ कहा।

"हाँ," जमील ने उसकी जिज्ञासा शान्त की, "लिखा है, ग़ैरहिन्दू का दाख़िला मना।"

"क्यों ?"

"काहे कि, जो हिन्दू नाहीं हैं, ऊ मलेच्छ हैं," रिक्शेवाले ने जवाब दिया। दोनों चुप हो गए।

जमील को मुन्ना की याद आई। मुन्ना जाति का मल्लाह था। थोड़ा ख़ब्ती-सा। उसके दिमाग़ में पता नहीं यह बात कहाँ से आ बसी थी कि 'इस्लाम' दुनिया का सर्वश्रेष्ठ धर्म है। वह बार-बार जमील से कहता था कि उसे मुसलमान बनना है। जमील ने बहुत कोशिशों के बाद उसका विचार बदला, मगर वह इस बात पर अड़ गया कि जमील उसे कम से कम नमाज़ पढ़ना तो सिखा ही दे। फिर एक रोज़, जुमा के दिन, वह जमील के साथ मस्जिद पहुँच गया। बोला, मैं भी नमाज़ पढ़ूँगा। मगर मस्जिद के पेश इमाम ने उसे इजाज़त नहीं दी। भला हिन्दू भी कहीं मस्जिद में नमाज़ पढ़ सकता है !

जमील ने जब यह बात राबिया देवी को बताई तो उसे विश्वास नहीं हुआ। बोली :

"आपने मन्दिर के दरवाज़े पर 'अहिन्दू का प्रवेश वर्जित' देखकर यह कहानी गढ़ी है।" जमील चुप रहा। सभा-स्थल आ गया था।

'पतझड़ में वसन्त' पर ज़ोरदार गोष्ठी हुई। अनेक भाषण हुए। कहानियों की ख़ूब प्रशंसा हुई। अन्त में अध्यक्षीय भाषण हुआ :

"देवियो और सज्जनो। इस समय हमारे नगर में, और पूरे राष्ट्र में हिन्दी के अनेक नए हस्ताक्षर कविताएँ और कहानियाँ लिख रहे हैं। मगर जमील अहमद साहब का यह कहानी-संग्रह कई दृष्टियों से विशेष उल्लेखनीय है। पहली महत्त्वपूर्ण बात तो यही है कि जमील अहमद साहब, एक मुसलमान और उर्दूभाषी होकर भी हिन्दी में रचनाकर्म कर रहे हैं। यह साहस की बात है। ये कहानियाँ ही नहीं, कविताएँ भी लिखते हैं। अतः मैं इन्हें कबीर, रहीम, रसखान, मलिक मुहम्मद जायसी और कुतुबन-मंझन की परम्परा का रचनाकार मानता हूँ..."

"हद हो गई !"

जमील बुदबुदाया तो बग़ल में बैठे इक़बाल बहादुर राय ने उसकी ओर देखा। पूछा :

"क्या हुआ ?"

"ये मुझे तुलसी और सूर की परम्परा से नहीं जोड़ सकते ?" जमील ने फुसफुसाकर कहा।

"वे हिन्दू थे।" राय ने मुस्कराते हुए कहा और होंठों पर उँगली रखकर चुप रहने का इशारा किया।

अध्यक्षीय भाषण समाप्त होने पर मालूम हुआ कि कुछ "ख़ास लोगों' के लिए नगर के मशहूर प्रकाशक श्री महेश बेदी के यहाँ दावत है। श्री महेश बेदी ने जमील अहमद का कहानी-संग्रह छापने से मना कर दिया था, वह दूसरे प्रकाशन-संस्थान से छपा था। मगर पुस्तक पर इतना भव्य आयोजन देखकर उन्हें लगा कि कुछ करना चाहिए। अतः तत्काल उन्होंने यह घोषणा करा दी।

जमील ने राबिया देवी को घर भेज दिया और स्वयं 'खास लोगों' के साथ श्री महेश बेदी के निवास स्थान की ओर चल दिया।

श्री महेश बेदी का मकान दुमंज़िला था। नीचे की मंज़िल में उनका 'आलोक प्रकाशन' था और ऊपर की मंज़िल में उनका निवास। ड्राइंगरूम से सटी हुई खुली छत थी, जिसके किनारे-किनारे गमले रखे हुए थे। छत पर दरियाँ बिछा दी गई थीं। एक तरफ़ स्टूल पर गिलास और जग रखे हुए थे।

"अरे भाई, महेश जी, ले आइए न, शुरू किया जाय !"

किसी ने कहा तो महेश जी ने अस्त होते हुए सूर्य की ओर देखते हुए कहा :

"इन्हें तो जाने दीजिए।"

"अरे भगवान से क्या पर्दा !"

एक आवाज़ आई और लोग ठठाकर हँस पड़े। महेश जी घर के अन्दर चले गए।

"काश, इस अवसर पर यासमीन जी होतीं।" प्रोफ़ेसर कमल के एक अनुचर ने धीरे से कहा तो दूसरा अनुचर तत्काल बोल पड़ा :

"यासमीन जी नहीं हैं तो क्या हुआ, दूसरी चिड़िया तो है।"

ठीक उसी समय एक महिला का पदार्पण हुआ। गोरा रंग। पुष्ट शरीर। उन्नाबी रंग के सूट में। दुपट्टा गिर-गिर पड़ता था। उठाने के लिए झुकती तो सुघड़-सुडौल छातियाँ झलक जातीं। कभी कन्धे से लटक आई चोटी उन्हें ढाँकने का यत्न करती तो वे और खिल उठतीं। मानो आम के फलों पर विराजमान जामुन ! दोनों कलाइयों में सुनहरी-लाल चूड़ियाँ। लगता था, अभी-अभी ब्याह कर आई है...

"माफ़ कीजिएगा, मैं घर चली गई थी। उन्हें आज बाहर जाना था।

सूटकेस वग़ैरह तैयार करने में देर हो गई।"

स्त्री ने दुपट्टा सँभालकर एक तरफ़ बैठते हुए कहा तो लोगों की नज़रें उसके पूरे बदन पर चिपक गईं।

"कोई बात नहीं, अभी तो कुछ और चलेगा तब तक आप अन्दर जाकर बैठिए।"

श्री महेश बेदी ड्राइंगरूम से बाहर निकलते हुए बोले। उनके हाथ में व्हिस्की की बोतल थी। स्त्री सकपकाकर उठी और भीतर चली गई।

"ये कौन हैं ?"

प्रो. जानकीप्रसाद 'कमल' ने अपने अनुचरों की ओर देखते हुए पूछा।

"नई प्रतिभा ! कहानियाँ-कविताएँ लिखती हैं। कहिए तो 'वीथी' के लिए कुछ माँगूँ।"

"अरे भई, आप क्यों कष्ट करेंगे," महेश बेदी ने मुस्कराते हुए कहा, "प्रोफ़ेसर साहब ख़ुद माँग लेंगे।"

"माँग लेंगे या ले लेंगे !"

एक आवाज़ आई और छत पर ठहाका गूँज उठा।

अब तक सूरज डूब गया था।

छत के छज्जे पर लगा बल्ब जला दिया गया था।

"एक बात है," श्री महेश बेदी ने सबको व्हिस्की के गिलास थमाते हुए कहा, "प्रोफ़ेसर साहब आज जमील अहमद साहब की कहानियों के सम्बन्ध में क्या ख़ूब बोले। एकदम साइंटीफ़िक विश्लेषण किया।"

"नहीं साहब, मानना पड़ेगा," प्रोफ़ेसर कमल ने घूँट गले के अन्दर डालते हुए कहा, "जमील साहब की कहानियाँ पढ़कर लगता ही नहीं कि इन्हें किसी मुसलमान ने लिखा है। एक कहानी में तो—अरे क्या नाम है उस कहानी का—हाँ, याद आया 'धर्म पिता'—उसमें तो इन्होंने संस्कृत के श्लोक कोट किए हैं।"

"अरे जमील साहब, आप नहीं ले रहे हैं," श्री महेश बेदी ने एक गिलास जमील की ओर बढ़ाते हुए कहा, "अरे भाई, यह सब तो आप ही के लिए हो रहा है। आपका अगला संग्रह 'आलोक' से ही छपेगा। वो कुछ ऐसी मजबूरी थी कि..."

"नहीं, ऐसी कोई बात नहीं है," जमील ने सकुचाते हुए कहा, "मैं लेता नहीं।"

"मुसलमानों के लिए यह हराम है।"

प्रोफ़ेसर जानकीप्रसाद कमल ने मुस्कराते हुए कहा, "हिन्दी में लिखते हैं तो क्या हुआ, हैं तो मुसलमान।"

जमील ने फ़ौरन गिलास ले लिया। लोगों ने उसकी ओर आश्चर्य के साथ देखा।

"वीथी के सम्पादक की सेहत के लिए।" जमील ने कहा और एक घूँट लेकर प्रोफ़ेसर की ओर देखा। प्रोफ़ेसर का चेहरा तन गया था।

"जमील साहब, आप कोई उपन्यास क्यों नहीं लिखते ?"

श्री महेश बेदी ने बात का रुख़ मोड़ते हुए कहा और खड़े हो गए। जमील भी अपना गिलास लेकर खड़ा हो गया।

अब लोग दूसरी बातें करने लगे थे। भीतर से खाने की ख़ुशबू आ रही थी।

श्री महेश बेदी और जमील एक तरफ़ रखी बेंच पर बैठ गए थे। अपना-अपना गिलास उन्होंने बेंच के नीचे रख दिया था।

अचानक वह महिला ड्राइंगरूम से निकलकर छत पर पहुँची और बेंच के पास आकर खड़ी हो गई। जमील भी खड़ा हो गया। महेश बेदी उठकर अन्य अतिथियों की ओर चले गए।

"अस्सलाम अलैकुम !"

महिला ने बहुत अदब के साथ, फ़िल्मी अन्दाज़ में जमील को सलाम किया और बोली :

"सचमुच, आपकी कहानियाँ यथार्थ की तस्वीर हैं। मैं भी हाथ आज़मा रही हूँ, देखिए कितनी कामयाबी मिलती है।"

'आपकी तारीफ़ ?"

जमील ने पूछा तो महिला मुस्करा दी।

"मैं, विभा अहमद..."

"विभा अहमद !"

"हाँ, हाल ही में इस्लाम क़बूल किया है।"

जमील ने पीछे मुड़कर बेंच के नीचे से अपना गिलास निकाल लिया।

विभा अहमद पीछे हट गईं।

"आप...आप ये लेते हैं ?"

विभा अहमद ने अपनी नाक पर हाथ रखते हुए प्रश्न किया !

"क्यों ?" जमील ने सख़्ती से कहा।

"जानते हैं, इस्लाम में ये हराम है।"

"जानता हूँ।"

इतना कहकर जमील वहाँ से हट गया। उसका मन खट्टा हो गया था। जुमा-जुमा आठ दिन भी नहीं हुए मुसलमान बने और इस्लाम का पाठ पढ़ा रही है। यही बात यासमीन कहती तो उसे बिलकुल बुरा न लगता।

"सुनिए।"

जमील ने मुड़कर देखा। विभा थी।

"कहिए।"

जमील ने गिलास हाथ में लिए-लिए उसके पास जाकर पूछा।

"मैं अपनी कुछ कहानियाँ और कविताएँ आपको दिखाना चाहती हूँ, मगर एक इल्तिजा है, आप इस हराम चीज़ को फ़ौरन छोड़ दीज़िए।"

विभा अहमद ने अपना दुपट्टा सँभालते हुए कहा तो जमील मुस्कराया।

"अच्छा यह बताइए, आपने अपना धर्म क्यों बदला ? आपको किस बादशाह का ख़ौफ़ था ?"

"चलिए खाना लग गया।"

ठीक उसी समय श्री महेश बेदी की आवाज़ सुनाई पड़ी और सभी लोग ड्राइंगरूम की ओर चल पड़े। जमील का प्रश्न अनुत्तरित रह गया।

12

जमील को जब 'राष्ट्रीय कवि-सम्मेलन' में काव्य-पाठ करने का आमंत्रण मिला तो पहले तो उसे विश्वास ही नहीं हुआ, फिर आश्चर्यमिश्रित ख़ुशी का ऐसा जोश चढ़ा कि उसने राबिया देवी को आलिंगन में बाँधकर चूम लिया।

"अरे अरे क्या कर रहे हो," राबिया देवी ने उसके आलिंगन से छूटने की कोशिश करते हुए कहा, "मुन्नी देख रही है...कहीं कोई लाटरी लग गई है क्या ?"

"लाटरी ही समझो," जमील ने उसे छोड़ते हुए कहा, "मगर यह पैसों की लाटरी नहीं है, साहित्य की है।"

राबिया देवी को साहित्य की कोई समझ तो थी नहीं, मगर इतना जानती थी कि उसके पति कुछ लिखते-विखते हैं और शहर-भर में उनका नाम है। कभी-कभार अख़बार में फोटो भी छपता है। उसने सोचा, अगर उसके पति इतने ख़ुश हैं तो ज़रूर कोई बड़ी बात होगी।

और वह जमील के सफ़र की तैयारी में जुट गई। 'राष्ट्रीय कवि-सम्मेलन' उसी शहर में हो रहा था, जहाँ की यूनिवर्सिटी में वह इंटरव्यू देने गया था और नियुक्ति हुई थी यासमीन की। राबिया तो जमील के सफ़र की तैयारी में जुटी हुई थी, पर जमील इस ख़याल में खोया हुआ था, कि देखें यासमीन से मिलने पर उसकी क्या प्रतिक्रिया होती है ? वह यूनिवर्सिटी में न सही, पर राष्ट्रीय स्तर का साहित्यकार तो लगभग बन ही गया है...

राबिया देवी अपनी बिटिया को लेकर जमील को विदा करने के लिए स्टेशन तक भी गई। जब गाड़ी छूटी तो उसने ख़ुद तो हाथ हिलाया ही, मुन्नी का हाथ पकड़कर उससे भी वैसा कराया।

गाड़ी धीरे-धीरे आगे बढ़ी, फिर उसकी रफ़्तार तेज़ हो गई। राबिया देवी और मुन्नी—दोनों ही अब ओझल हो गई थीं। जमील को खिड़की से बाहर सिर्फ़ पटरियों के किनारे-किनारे उगी हुई घास ही नज़र आ रही थी।

ट्रेन में जमील का रिज़र्वेशन था, मगर दिन क़ा वक़्त था इसलिए बग़ैर रिज़र्वेशन वाले भी डिब्बे में बैठे हुए थे। जमील की बग़ल में एक बुज़ुर्गवार बैठे थे, जिनके पास बिस्तरबन्द के साथ एक बधना भी था। जमील ने उन्हें सलाम किया तो बुज़ुर्गवार का चेहरा खिल गया।

''अच्छा हुआ बेटा तुम मिल गए, राहत मिली।''

बुज़ुर्गवार ने ठंडी साँस लेते हुए कहा तो जमील को बड़ा अजीब लगा। 'ये तो ऐसे बोल रहे हैं जैसे मैं न मिलता तो ट्रेन में बैठे लोग इन्हें काट डालते।' उसने मन ही मन सोचा और सामने की सीट पर बैठे हुए युवकों को देखने लगा, जो वाक़ई बुज़ुर्गवार को घूर-घूरकर देख रहे थे।

''बेटा, इन लोगों से कहो,'' बुज़ुर्गवार ने जमील को सम्बोधित किया, ''ये थोड़ी देर के लिए इधर बैठ जाएँ तो मैं उधर बैठकर नमाज़ पढ़ लूँ। नमाज़ में रुख़ क़ाबे की तरफ़ हो तो ठीक रहता है।''

मगर, जमील ने सामने बैठे युवकों से जब अनुरोध किया तो वे भड़क उठे।

''नमाज़ पढ़ना है तो किसी मस्जिद में जाएँ, यह ट्रेन है।'' एक युवक ने बुरा-सा मुँह बनाते हुए कहा और अन्य युवक हँस पड़े।

''आइए बाबा, आप इधर आकर नमाज़ पढ़ लीजिए।''

जमील ने चौंककर देखा, बग़ल की सीटों पर बैठे पति-पत्नी खड़े हो गए थे। उन्होंने अपनी सीटों के पिछले भागों को गिराकर 'बेड' बना दिया था। पति ने अपने तिलक-लगे मस्तक को दूसरी ओर कर लिया था।

बुज़ुर्गवार की आँखें छलछला आई थीं।

गाड़ी तेज़ रफ़्तार के साथ आगे बढ़ती जा रही थी। खिड़की के पार आम और महुए के पेड़ पीछे भागते हुए नज़र आ रहे थे। लोग बाहर के उस सुहावने दृश्य में रमे हुए थे, मगर जमील के हृदय में उस दम्पति के सद्व्यवहार ने हलचल-सी मचा रखी थी, जिसने बुज़ुर्गवार को नमाज़ पढ़ने के लिए जगह बनाई थी।

थोड़ी देर में, लोगों की नज़र बचाकर वह अपनी सीट से उठा और उस दम्पति के पास पहुँचा और ऊपरवाली बर्थ पकड़कर खड़ा हो गया।

"आओ बेटा बैठो, खड़े क्यों हो ?" पति-पत्नी ने एक साथ कहा और एक तरफ़ सरककर उसके लिए जगह बना दी। जमील बैठ गया।

"बुरा न मानें तो एक बात पूछूँ !" जमील ने अत्यंत धीमी आवाज़ में कहा।

"बुरा क्यों मानेंगे, पूछो।" पति के स्वर में स्वाभाविक सहजता थी।

"आपके हृदय में किसी दूसरे धर्मावलम्बी के धार्मिक मामले में जो आदर भाव मैंने अभी देखा, उसकी प्रेरणा आपको कैसे मिली ?"

"दूसरा धर्म कैसा बेटा," पति महादेय ने उसी सहजता से उत्तर दिया, "ईश्वर का धर्म तो एक ही है और वह है मानवता का धर्म। ये जो हिन्दू, मुसलमान, सिक्ख, ईसाई आदि धर्म दिखाई पड़ते हैं, ये सब हम मनुष्यों के बनाए हुए हैं..."

इसके बाद वे क्षण-भर के लिए मौन हो गए। फिर बोले : "रही प्रेरणा की बात, तो तुम्हारा सोचना ठीक है। इसे प्रेरणा ही समझना चाहिए। क्योंकि पहले मैं भी मुसलमानों के बारे में कुछ दूसरी ही राय रखता था, लेकिन एक घटना ने मेरी राय बदल दी। हुआ यूँ कि एक बार इसी प्रकार की एक ट्रेन-यात्रा में मेरी भेंट एक मुसलमान भाई से हो गई। और उनके साथ जो बातचीत हुई, उससे न जाने क्यों उनके प्रति मुझे आत्मीयता-सी हो गई। वे अजमेर के कोई व्यापारी थे। उनका नाम था नज़ीर मुहम्मद। ख़ैर...अन्त में हम दोनों ने एक-दूसरे को अपने पते दिए, ताकि वक़्त-ज़रूरत पत्र-व्यवहार किया जा सके।"

"और संयोग देखो, कि सर्वप्रथम मुझे ही ज़रूरत पड़ गई। दरअसल हमने अजमेर के ख़्वाजा साहब की दरगाह में एक मन्नत माँगी थी, जिसे उतारने के लिए वहाँ जाना था। और तुम तो जानते ही हो कि उर्स के मौक़े पर अजमेर में कितनी भीड़-भाड़ होती है। देश-भर के लोग वहाँ पहुँचते हैं। क्या शहर और क्या गाँव। पाकिस्तान तक से लोग आते हैं। ऐसे में होटलों आदि में बड़ी मुश्किल से जगह मिलती है।"

"अतः मैंने नज़ीर साहब को लिखा कि यदि सम्भव हो तो किसी सस्ते-से होटल में हमारे रहने का प्रबन्ध करा दें। उनका जवाब आया, कि मेरे रहते हुए आप होटल में क्यों रुकेंगे ? सीधे घर चले आइए, यहाँ सारा इन्तज़ाम हो जाएगा। मेरी श्रीमती जी तो घबराईं कि एक मुसलमान परिवार में हम कैसे रहेंगे ? मगर मैंने कहा, ईश्वर का नाम लेकर चलो; फिर जैसा होगा देखा जाएगा।"

"मगर जब हम वहाँ पहुँचे तो यह देखकर हम चकित रह गए कि नज़ीर साहब ने हमारे लिए एक अलग ही कमरा ख़ाली करा दिया था। अच्छी तरह से उस कमरे की साफ़-सफ़ाई भी कराई गई थी। यही नहीं, हमारे भोजन आदि का प्रबन्ध करने के लिए उन्होंने एक महराज को भी नियुक्त कर रखा था। उस कमरे में हमारे डेरा डालने के थोड़ी देर बाद महराज अपने घर से स्टोव तथा कुछ बर्तन आदि ले आया। आते ही भोजन के बारे में पूछा, कि क्या खाएँगे ? नज़ीर साहब के घर में हमारा आतिथ्य इस प्रकार होगा, इसकी तो हमने कल्पना भी नहीं की थी।"

"हम वहाँ तीन दिनों तक ठहरे। पहले ख़्वाजा साहब की दरगाह पर जाकर अपनी मन्नत उतारी, फिर हम पुष्कर चले गए। वहाँ से लौटकर आए तो स्वयं नज़ीर साहब ने हमें शहर घुमाया। हमने 'ढाई दिन का झोपड़ा' नाम से प्रसिद्ध मस्जिद देखी। फिर वे हमें अनासागर लेकर गए। इस बीच उनके परिवार की स्त्रियों और बच्चों से भी ख़ूब आत्मीयता हो गई।"

"एक बात बताना तो आप भूल ही गए," उनकी पत्नी ने अपने पति को टोका, "जब हमने नज़ीर भाई साहब से पूछा कि इस कमरे में क्या हम अपना पूजा-पाठ कर सकते हैं, तो उन्होंने बेझिझक कहा, क्यों नहीं, शौक़ से कीजिए। फिर तो हमने पूजा-पाठ भी किया और उनके परिवारवालों को प्रसाद भी दिया। उन्होंने ख़ुशी-ख़ुशी भगवान का प्रसाद ग्रहण किया।"

जमील सुनता रहा और सोचता रहा।

सोचता रहा और सुनता रहा।

फिर वह बग़ैर कुछ बोले उठा और अपनी सीट पर जाकर बैठ गया।

उसका स्टेशन अब आने ही वाला था।

जमील के ठहरने का इन्तज़ाम 'राष्ट्रीय कवि-सम्मेलन' के आयोजकों ने शहर के एक अच्छे-से होटल में कर रखा था। रात में वह ख़ूब गहरी नींद में सोया। सुबह उठा, तो सफ़र की थकान तो लगभग ग़ायब हो चुकी थी, मगर बाहर निकलने की उसे इच्छा नहीं हुई। वह दिन में भी बिस्तर पर पड़ा रहा और कवि-सम्मेलन में पढ़ी जानेवाली अपनी कविता के पाठ का अभ्यास करता रहा।

शाम को एक कार उसे लेने के लिए होटल पहुँची। तब वह तैयार हुआ

और कार्यक्रम में भाग लेने के लिए चल पड़ा।

राष्ट्रीय कवि-सम्मेलन में भाग लेने के लिए विभा अहमद भी पहुँची हुई थी।

और अचानक चाय-नाश्ते के दौरान वह उससे टकरा गई।

"अरे आप !"

विभा अहमद को देखकर जमील चौंक उठा।

"जी, अस्सलाम अलैकुम," विभा अहमद ने पहले अदब से जमील को सलाम किया, फिर बोली, "मुझे गुजराती कविता का अनुवाद सुनाने के लिए बुलाया गया है।"

"तो क्या यहाँ अन्य भाषाओं की कविताएँ भी सुनाई जाएँगी ?" जमील ने हैरत के साथ पूछा तो विभा अहमद मुस्कराईं।

"जी जमील साहब, यह राष्ट्रीय कवि-सम्मेलन अस्ल में सर्वभाषा कवि-सम्मेलन है।" विभा ने अपना आँचल सँभालते हुए उत्तर दिया।

"तो क्या आपको गुजराती आती है ?"

"नहीं। मूल के साथ अंग्रेज़ी अनुवाद भी भेजा गया था। मैंने अहमद साहब की मदद से उसे हिन्दी में कर लिया।"

"ओह !" जमील के मुँह से सिर्फ़ इतना ही निकला, हालाँकि वह कहना चाहता था, "लगता है कोई गुजराती जाननेवाला हिन्दीभाषी इन्हें मिला ही नहीं।"

"सुनिए !"

जमील चौंका। विभा अहमद मुस्करा रही थी।

"कल अगर आपको फ़ुर्सत हो तो शहर घूमें।" विभा अहमद ने जमील के क़रीब आकर बड़े आग्रह के साथ कहा।

"मुझे फ़ुर्सत नहीं," जमील ने तपाक से जवाब दिया, "मेरी एक क्लासफ़ेलो यहाँ रहती है, उससे मिलना है मुझे।"

"कौन ? क्या नाम है उसका ?"

"यासमीन।"

"यासमीन ? अरे, वो तो यहाँ की यूनिवर्सिटी में हिन्दी विभाग की सद्र हैं। वही न।"

"हाँ, मगर आप कैसे जानती हैं उसे ?"

"उनके भाई साहब जिस कॉलेज में प्रिंसिपल थे, वहीं तो मैं और अहमद

पढ़ते थे। उनसे तो मैं भी मिलना चाहूँगी। आप कल कितने बजे यूनिवर्सिटी पहुँचेंगे ?''

''कह नहीं सकता,'' जमील ने टाला, ''मुझे और भी काम है।''

''अच्छा यह बताइए,'' विभा अहमद ने बात जारी रखी, ''आपसे उनकी पटी कैसे ? वो तो रोज़े-नमाज़ की पाबन्द हैं और आप...''

''मैं दहरिया, क्यों ?''

जमील ने उसकी बात काट दी।

''नहीं, मेरा मतलब है कि...''

''आपका मतलब कुछ भी हो, बात मेरी समझ में आ गई है। बस यह समझ लीजिए कि वह मेरी क्लासफ़ेलो रही है। इससे ज़्यादा कुछ नहीं। उससे मेरा वह रिश्ता नहीं था जो...''

''अच्छा अब आप लोग अन्दर चलिए।'' तभी आयोजकों में से किसी ने आवाज़ दी और लोग हॉल की ओर चल पड़े। जमील अपना कप रखने के लिए जगह तलाशने लगा।

और अगले रोज़ जमील जब यासमीन से मिलने के लिए उसके विभाग में पहुँचा तो सबसे पहले उसको इस जुम्ले से सामना करना पड़ा :

''आपको थोड़ा इन्तज़ार करना होगा।''

अध्यक्ष, हिन्दी विभाग के कक्ष से बाहर निकलते हुए चपरासी ने कहा और ख़ुद स्टूल पर बैठकर खैनी बनाने लगा।

''उधर बैठ जाइए।''

चपरासी ने एक कुर्सी की तरफ़ इशारा किया।

जमील कुर्सी पर बैठ गया।

उसे आशा नहीं थी कि उसके साथ ऐसा बर्ताव किया जाएगा। बरसों बाद वह यासमीन से मिलने आया था; सोचा था, नाम सुनते ही ख़ुद बाहर निकल आएगी और ख़ुशी से झूम उठेगी। वह किसी 'काम' से तो आया नहीं था उसके पास कि इन्तज़ार कराया जाएगा।

जमील यह सब सोच ही रहा था कि अध्यक्ष के कक्ष में घंटी बजी। चपरासी खैनी मुँह में दबाते हुए भागकर अन्दर गया, फिर उलटे पाँव लौटा और बोला :

"जाइए।"

जमील ने दरवाज़ा खोलकर कक्ष में प्रवेश किया।

"आइए, आइए, बैठिए।"

यासमीन ने किंचित् मुस्कराते हुए कहा और जमील टेबल के सामने रखी कुर्सी पर बैठ गया।

यासमीन बदल गई थी। बदन उसका भर गया था और आँखों पर चश्मा चढ़ गया था । चेहरे पर विभागाध्यक्ष होने का रोब था। विभाग कोई बहुत बड़ा नहीं था, चार-पाँच ही प्राध्यापक थे। मगर था तो वह एक विश्वविद्यालय का विभाग। रोब क्यों न होता !

"आपसे पहले विभा अहमद आई थी," यासमीन ने बात आरम्भ की, "बड़ी नेक औरत है।"

"हाँ, मिल चुका हूँ..."

"देखा, वह नवमुस्लिम होते हुए भी रोज़ा-नमाज़ की किस तरह पाबन्द है और एक आप हैं कि..."

"मुसलमान होकर भी कुछ नहीं करता, क्यों ?" जमील ने हँसते हुए कहा।

"मैंने तो कुछ और भी सुना है आपके बारे में।"

"क्या ? क्या सुना है तुमने ?"

"माफ़ कीजिएगा," यासमीन ने इधर-उधर देखते हुए कहा, जैसे कोई उनकी बात सुन रहा हो, "यहाँ कोई भी कभी भी आ सकता है। और आप जानते ही हैं कि मैं विभागाध्यक्ष हूँ। इसलिए यहाँ आप मुझे प्लीज़ 'तुम' मत कहिए।

"सॉरी, ग़लती हो गई।"

"ख़ैर, छोड़िए। सुनाइए क्या हालचाल है ?"

जमील ख़ामोश रहा। उसने बैग से अपनी किताब निकाली और यासमीन को थमा दी। यासमीन ने किताब को उलट-पलटकर देखा और मेज़ पर रख दिया। किताब के पन्ने उसने नहीं पलटे, जमील को यह अच्छा नहीं लगा। उसने कितनी हसरत से किताब के अन्दर लिखा था : 'यासमीन के लिए, बीते दिनों की याद में।'

"मुबारक हो," यासमीन ने अपने चेहरे पर बग़ैर कोई भाव लाए कहा, "मगर आप कुछ भी कर लें, कितना ही अच्छा साहित्य क्यों न लिख डालें,

तीन बातें ऐसी हैं जो नहीं हो सकतीं।"

"क्या क्या ?"

जमील आगे झुक गया।

"एक तो यह कि हिन्दी साहित्य के इतिहास में आपका नाम नहीं लिखा जाएगा। और दूसरा यह कि आपकी कोई भी रचना किसी पाठ्यक्रम में शामिल नहीं की जाएगी।"

"और तीसरी बात।"

"आपको साहित्य अकादमी पुरस्कार नहीं मिलेगा।"

"क्यों ?"

"भारत का यह अलिखित संविधान है। जैसे कोई भी मुसलमान इस देश का प्रधानमंत्री नहीं बन सकता वैसे ही हिन्दी साहित्य के लिए किसी भी मुसलमान लेखक को साहित्य अकादमी पुरस्कार नहीं मिल सकता।"

"तो क्या फ़र्क़ पड़ता है ? लेखक क्या पुरस्कार पाने के लिए लिखता है ?"

"कहते सब यही हैं, मगर चाहत तो होती ही है। जो लेखक हमेशा कहा करते थे कि मुझे पुरस्कार वग़ैरह की परवाह नहीं, उन्होंने भी पुरस्कार लिए।"

"मगर हिन्दी साहित्य के लिए मुसलमान लेखकों को भी पुरस्कार मिले हैं।"

"मैं साहित्य अकादमी की बात कर रही हूँ।"

"वह तो कई हिन्दू लेखकों को भी नहीं मिला है।"

तभी दरवाज़ा खुला।

चपरासी चाय ले आया था।

"लीजिए, चाय पीजिए।"

यासमीन ने अपना प्याला उठाते हुए कहा। जमील ने भी अपना प्याला उठा लिया और आदत के अनुसार दूध की जमी हुई पर्त को उँगली से हटाकर कप के किनारे पोंछ दिया।

चाय पीते हुए जमील की निगाह दीवार पर टँगी तस्वीर की ओर गई, जिसमें यासमीन देश के सबसे बड़े नेता और महत्त्वपूर्ण व्यक्ति की पत्नी के साथ खड़ी थी।

"विश्व हिन्दी सम्मेलन की तस्वीर है," यामीन ने मुस्कराते हुए कहा,

''मैं भी आमंत्रित थी। ख़ूब मज़ा आया। हिन्दी के बड़े-बड़े विदेशी विद्वानों से मुलाक़ात हुई।''

यासमीन की आवाज़ में गर्व था।

''मगर अभी तो तुम...सॉरी, आप कह रही थीं कि हिन्दी साहित्य के लिए मुसलमान को कुछ मिल ही नहीं सकता !''

''मेरा मतलब यह नहीं था। कुछ न मिलता तो आपको यहाँ काव्यपाठ के लिए क्यों बुलाया जाता ? मगर यह मिलना कोई मिलना है ! और सच पूछिए तो यह सब हमारी लियाक़त की वजह से नहीं मिल रहा है। सरकार को दिखाना है कि, देखिए हमने एक 'मुसलमान' को भी शामिल किया है।''

''मगर सरकार को यह आइडिया देता कौन है ?'' जमील ने हैरत के साथ पूछा तो यासमीन मुस्कराई। बोली :

''नेता लोग। उनमें हिन्दू नेता भी हैं और मुसलमान नेता भी। ईमान से कहूँ तो मेरी इस उपलब्धि के पीछे तो भई नक़वी साहब की मेहरबानियाँ हैं। भाई साहब से बहुत पुरानी दोस्ती है उनकी। आजकल वे केन्द्र सरकार में मंत्री हैं। नाम तो सुना ही होगा।''

क्षण-भर के लिए कमरे में ख़ामोशी छा गई, जिसे यासमीन ने ही तोड़ा।

''अगर यह सब न हो तो इस मुल्क में मुसलमानों को पूछनेवाला कोई नहीं है। आप ही बताइए, किसी ख़ास मुक़ाम पर मुसलमानों को अहमियत दी जाती है ?''

''हाँ, स्कूल से लेकर विश्वविद्यालय तक के पाठ्यक्रम में मुसलमान कवियों को भी शामिल किया जाता है। कबीर, जायसी...''

''वे मुसलमान नहीं, भक्त थे।''

''हर लेखक भक्त होता है।''

''यह फ़िलासफ़ी है। आज की तारीख़ में आप रामचन्द्र जी पर महाकाव्य लिखकर भी कुछ हासिल नहीं कर सकते।''

''मेरा ख़याल है कि इस बहस को हमें बन्द कर देना चाहिए।''

जमील ने अपनी चाय ख़त्म करते हुए कहा और खड़ा हो गया।

''जाएँगे ?''

यासमीन ने भी अपना प्याला ख़ाली करते हुए पूछा।

''हाँ...और हाँ...वो क्या कह रही थी तु...आप, कि मेरे बारे में कुछ और भी सुना है...''

जमील ने अटकते-अटकते कहा तो यासमीन का चेहरा तन गया।

"सुना है, आपने किसी हिन्दू औरत से शादी की है ?"

"तो यह अफ़वाह यहाँ भी पहुँच गई है।"

जमील ने बस इतना कहा और कमरे से बाहर निकल गया।

जमील को उस रात ठीक से नींद नहीं आई। वह लगातार यासमीन के बारे में ही सोचता रहा। क्या कोई स्त्री इस हद तक बदल सकती है ?

फिर उसने यह सोचकर स्वयं को सांत्वना दी कि कि स्त्री ही क्यों, पुरुष भी बदल सकता है। क्या मैं नहीं बदल सकता ? बदलने में वक़्त ही कितना लगता है ! देश और दुनिया की बड़ी-बड़ी हस्तियाँ समय आने पर बदल गईं। और उनके बदल जाने से क्या-क्या नहीं बदल गया ? कई-कई देशों के भाग्य तक बदल गए। उनका नक़्शा बदल गया। उनके निवासियों का स्वभाव बदल गया।

यह सब सोचते-सोचते जमील की आँखें झपकने लगीं। उसे लगा कि अब वह सो जाएगा, लेकिन जब-जब वह अपनी आँखें बन्द करता, एक सवाल काली लाठी की भाँति उसके सामने खड़ा हो जाता : क्या वाक़ई इस देश मैं मुसलमानों की कोई अहमियत नहीं है ?

जमील उस लाठी को धक्के मार-मारकर ग़ायब कर देता और सोचता, यह लाठी ज़रूर किसी शरारती दिमाग़ ने खड़ी की होगी...

और फिर सुबह हो गई।

खिड़की से आकर सूरज की किरणें पूरे कमरे में फैल गईं। जमील उठकर बैठ गया। बैठा-बैठा फिर कुछ सोचने लगा। तभी अचानक उसके दिमाग़ में आया कि जब इस नगर में आने का अवसर मिला ही है तो यहाँ से निकलने वाली बहुचर्चित पत्रिका 'तूणीर' के सम्पादक से क्यों न मिल लिया जाए ! और वह तैयार होकर 'तूणीर' के दफ़्तर की ओर चल पड़ा।

'तूणीर' का दफ़्तर 'वीथी' के दफ़्तर से भिन्न था। एक अन्तर तो यही था कि वहाँ कोई प्रेस नहीं था। पत्रिका वहाँ तैयार होती थी और छपने के लिए कहीं और जाती थी। इसलिए दफ़्तर में गेलियों अथवा फ़र्मों का ढेर नहीं

था। वहाँ कोई प्रूफ़रीडर भी नहीं था।

दफ़्तर दो हिस्सों में बँटा था। एक हिस्से में दो लड़कियाँ बैठती थीं; जिनमें से एक टाइपिस्ट थी और दूसरी सम्भवतः पत्रिका की उपसम्पादिका। दूसरा हिस्सा अपेक्षाकृत बड़ा था। उसमें सम्पादक महोदय बैठते थे, जिनका नाम था श्री रामप्रसाद 'हठी।' सम्पादक जी की कुर्सी बड़ी थी और मेज़ आलीशान। मेज़ के सामने कई कुर्सियाँ आगन्तुकों के लिए थीं। एक तरफ़ दीवार से सटी रैक थी, जिसमें दो-दो प्रतियों में किताबें बेतरतीब-सी ठुँसी हुई थीं। ऐसी ही कुछ किताबें ज़मीन पर भी पड़ी थीं। मेज़ पर एक क़लमदान था और दो पेपरवेट। सामने की दीवार पर एक तस्वीर टँगी थी, जिसमें कोई रमणी कन्धे पर 'तूणीर' कसे और हाथों में धनुष-बाण लिए खड़ी थी।

जमील जिस वक़्त वहाँ पहुँचा, सम्पादक जी के सामने कुर्सियों पर कई लोग जमे हुए थे और पूरा कमरा ठहाकों से गूँज रहा था।

''मुझे जमील कहते हैं; हिन्दी में कुछ लिखता-पढ़ता हूँ।''

दफ़्तर के भीतर पहुँचकर जमील ने हाथ जोड़ते हुए अपना परिचय दिया तो सभी की निगाहें उसकी ओर उठ गईं। 'हठी' जी ने एक ख़ाली पड़ी कुर्सी की ओर इशारा करते हुए, इशारों से ही उसे बैठने के लिए कहा। फिर अन्य लोगों से बोले, ''अच्छा !'' और एक ख़ास क़िस्म का संकेत पुनः किया। लोग खड़े हो गए।

''सुनो वीरेन्द्र, जैसा कहा है वैसा ही लिखना। समीक्षा ऐसी हो कि...''

''हठी' जी ने एक नवयुवक को सम्बोधित किया, जिसके उत्तर में उसने अपना अँगूठा ऊपर उठा दिया।

फिर भी खड़े हुए लोग दफ़्तर से बाहर निकल गए।

''हाँ जमील साहब,'' अब हठी जी जमील की ओर उन्मुख हुए, ''आपसे मिलकर बड़ी ख़ुशी हुई। आपकी रचनाएँ इधर-उधर देखी हैं, किन्तु खेद है कि 'तूणीर' में अब तक हम आपकी कोई चीज़ नहीं छाप सके।''

''कोई बात नहीं...।''

''बात क्यों नहीं,'' 'हठी' जी ने बीच में ही उसे टोका, ''आपको मैंने शायद लिखा भी था...''

''कि मैं मुस्लिम-समाज पर आधारित कोई कहानी भेजूँ...।''

''अरे ! आपको तो ख़ूब याद है।''

श्री रामप्रसाद 'हठी' जी अचानक प्रसन्न हो गए-से लगे।

"मगर मैं नहीं भेज सका।"

"कोई बात नहीं, जेनुइन रचनाकार फ़रमाइश पर कहानी नहीं लिख सकता; मगर विचारपूर्ण लेख तो लिख सकता है।"

"मतलब !"

"मतलब यह कि 'तूणीर' का एक अंक हम मुसलमानों की पहचान पर केन्द्रित करने जा रहे हैं। आप इसके लिए कुछ लिखिए। कोई धाँसू चीज़।"

"मसलन ?"

"मसलन यही कि मुसलमान लोग एक से अधिक शादियाँ करते हैं..."

"वो तो हिन्दू लोग भी करते हैं। स्वयं प्रेमचन्द ने की थीं। जयशंकर प्रसाद..."

"आप लेखकों की बात क्यों करते हैं ?"

"क्योंकि हम लोग भी तो आख़िर छोटे-मोटे लेखक हैं। फिर, क्या ऐसे लोग नहीं करते जो लेखन के अतिरिक्त दूसरे कार्यों से जुड़े हुए हैं।"

"मगर उन्हें क़ानूनी मान्यता तो प्राप्त नहीं है।"

"जी, इसीलिए जो लोग क़ानून के भय के कारण एक से अधिक शादियाँ नहीं कर पाते, वे एक से अधिक स्त्रियों से सम्बन्ध तो रख ही सकते हैं।"

"सम्बन्ध रखना अलग बात है।"

"वह तो और भी बुरा है; क्योंकि ऐसे सम्बन्धों से पैदा हुए बच्चों को कोई अधिकार नहीं मिलता।"

"तो क्या आप मुसलमानों के एक से अधिक विवाह करने को उचित समझते हैं ?"

"और क्या आप समाज के अन्य लोगों के ऐसे कृत्य को उचित समझते हैं ?"

"सवाल का जवाब सवाल से नहीं दिया जाता जमील साहब।"

"शेख सादी ने तो यह भी संकेत किया है कि कुछ सवाल ऐसे होते हैं, जिनका जवाब देना ही नहीं चाहिए।"

'हठी' का चेहरा तन गया। माथे पर बल पड़ गए। उन्होंने अपने हाथों के दोनों पंजों को एक-दूसरे में फँसाया और उन्हें इस तरह मसलने लगे मानो उँगलियों के पोरों में खुजली हो रही हो।

जमील चुपचाप उन्हें देखता रहा।

''अच्छा छोड़िए,'' श्री रामप्रसाद 'हठी' जी ने थोड़ा सहज होते हुए कहा, ''यह तो आप मानते हैं न कि मुसलमानों में उतनी सहिष्णुता नहीं होती, जितनी औरों में होती है। इस पर लिखिए।''

''क्यों, क्या हिन्दुओं की असहिष्णुता का आपको पता नहीं ? उन्होंने बौद्धों को यहाँ से खदेड़ डाला। और नालंदा का क्या हाल किया ?''

''क्या हाल किया ?''

'हठी' जी बोल तो गए, मगर अपने ही शब्दों को सुनकर चौंक उठे।

''जी, क्या हाल किया ?''

''जमील साहब, आप ख़ामख़ा की बहस कर रहे हैं,'' श्री रामप्रसाद 'हठी' जी ने अपना रुख़ बदलते हुए कहा, '' 'तूणीर' का उद्‌देश्य तो कुछ और ही है। हम तो अपनी पत्रिका के माध्यम से बस मुस्लिम समाज का एक चित्र प्रस्तुत करना चाहते हैं।''

''कैसा चित्र ?''

''यही, कि उनकी कोई अलग पहचान सामने आए।''

''यानी यह, कि जो मुसलमान होता है वह ऊँचा पाजामा और कुर्ता, या फिर लुंगी पहनता है। लम्बी-सी दाढ़ी रखता है। उसके मस्तक पर नमाज़ में सजदा करते-करते काला-सा गुम्मड़ बन जाता है। हिन्दुओं से नफ़रत करता है...

''जमील साहब, आप बहक रहे हैं। बिना वजह बात का बतंगड़ बना रहे हैं।''

हठी जी ने जमील को टोका।

जमील मुस्कराया। बोला :

''फिर किस तरह की अलग पहचान की बात कर रहे हैं आप ? क्या आप यह दिखाना चाहते हैं कि हिन्दुस्तान के सभी मुसलमान गाय काटते हैं और उसका गोश्त खाते हैं। वे सिर्फ़ धार्मिक शिक्षा ग्रहण करते हैं और मौलवी बन जाते हैं। दंगा करने में आगे-आगे होते हैं...''

''नहीं जमील साहब, नहीं,'' हठी जी का स्वर बदला, ''मैं तो अपनी पत्रिका के माध्यम से भारतीय मुसलमानों की एक अलग पहचान प्रस्तुत करना चाहता हूँ। और वह यह कि भारत का मुसलमान भारत के अन्य समुदायों से कितनी भिन्नता रखता है ? 'अलग पहचान' से मेरा तात्पर्य बस

इतना ही है। और चूँकि आप एक समझदार मुस्लिम रचनाकार हैं इसलिए आप मेरे इस उद्देश्य को भली-भाँति पूरा कर सकते हैं।''

''क्षमा कीजिएगा 'हठी' जी, सिवा कुछ धार्मिक मामलों के भारतीय मुसलमानों की कोई अलग पहचान नहीं है।''

''ठीक !'' बिलकुल ठीक कहा आपने,'' 'हठी' जी जैसे उछल पड़े, ''धार्मिक मामले ! आप यह तो मानते हैं न कि धार्मिक मामलों में मुसलमान बहुत कट्टर होते हैं। वे अपनी आलोचना बर्दाश्त नहीं कर सकते। बस, आप तो इसी विषय पर लिख डालिए।''

''एक सीमा के बाद तो अपनी आलोचना कोई भी बर्दाश्त नहीं कर सकता। यह एक मानवीय कमज़ोरी है। कमोबेश की बात अलग है। रही बात मुसलमानों की, तो अधिकांश मुसलमान वैसे ही हैं, जैसे कि हमारे समाज के दूसरे लोग हैं।''

''आप कुतर्क कर रहे हैं।''

'हठी' जी किंचित् क्रुद्ध हुए।

''आप तर्क देकर समझाइए,'' जमील ने मुस्कराते हुए कहा, ''आप गाँवों में जाकर दखिए, वहाँ के हिन्दू और मुसलमान कैसे हैं ? उनका जीवन एक जैसा है, उनकी समस्याएँ एक जैसी हैं। जो समस्या हिन्दू किसान की है, वही समस्या मुस्लिम किसान की है। अगर ग़रीब मुसलमान अपने बच्चों को अच्छी शिक्षा नहीं दे पाता तो ग़रीब हिन्दू भी नहीं दे पाता। यही नहीं; जो भाषा हिन्दू बोलता है, वही भाषा मुसलमान भी बोलता है। और अगर आप यह सोचते हों कि हर मुसलमान उर्दू बोलता है तो यह आपकी ग़लतफ़हमी है। अधिकांश मुसलमान उर्दू का अलिफ़-बे नहीं जानते। गाँवों में, चाहे हिन्दू हों या मुसलमान; वे अपनी बातचीत में एक जैसी बोलियों, एक जैसे मुहावरों का प्रयोग करते हैं। और नगरों-महानगरों की हालत यह है कि माता-पिता—चाहे वे हिन्दू हों या मुसलमान—यही चाहते हैं कि उनकी औलाद गिटिर-पिटिर अंग्रेज़ी बोले।''

'हठी' जी अब हठ पर उतरने लगे। बोले :

''अगर यही बात है तो फिर भारत के मुसलमान यहाँ के हिन्दू समाज से घुल-मिल क्यों नहीं सके ?''

''मगर यह तो आप मानते हैं न कि भारत का हिन्दू समाज मुसलमानों से घुल-मिल गया !''

"क्या मतलब ?"

श्री रामप्रसाद 'हठी' इस प्रकार चौंके मानो वे समझ न पाए हों कि जमील क्या कह गया !

जमील फिर मुस्कराया। बोला :

"मतलब समझने के लिए आपको एक कहानी सुननी होगी। कहें तो सुनाऊँ !"

'हठी' जी चुप रहे।

जैसे कोई बच्चा अपनी नानी या दादी से कहानी सुनने जा रहा हो।

जमील ने कहना शुरू किया :

"बात बहुत पुरानी है। घटना हमारे गाँव की है। उस साल मोहर्रम गर्मियों में पड़ा था, जबकि अमराइयाँ आम के फलों से लदी हुई थीं। जब कर्बला ले जाने के लिए ताज़िया निकाला गया तो एक संकट आ गया। रास्ते में गाँव के पांडे जी की अमराई पड़ती थी और आम के पेड़ की, फलों से लदी हुई एक डाल रास्ते के बीचों-बीच झुकी हुई थी। ताज़िया रोक दिया गया; क्योंकि उसे झुकाकर ले नहीं जाया जा सकता था और बग़ैर झुके ताज़िया आगे बढ़ नहीं सकता था। ताज़िए के उस जुलूस में पांडे जी का बेटा भी शामिल था। वह भागा-भागा अपने घर गया और अपने पिता को उसने संकट से अवगत कराया। पांडे जी तत्काल, स्वयं कुल्हाड़ी लेकर मौक़े पर पहुँचे और अपनी आँखों के सामने आम की वह डाल कटवा दी, जो ताज़िए के रास्ते पर झुकी हुई थी...।"

"बकवास," श्री रामप्रसाद 'हठी' जी झल्ला उठे, "माफ़ कीजिएगा जमील साहब, आपकी इस कहानी में कोई दम नहीं है।"

"जी, दम तो तब होता जब आम की उस डाल को कोई मुसलमान नौजवान काट देता और बदले में पांडे जी उस नौजवान की गर्दन उड़ा देते। क्यों ?"

"यह बात नहीं है। मैं तो सिर्फ़ यह कहना चाहता हूँ कि आपकी कहानी में ऐसी उदारता अगर कोई मुसलमान पात्र भी दिखाता तो भी मेरी प्रतिक्रिया यही होती कि ये सब आदर्श की बातें हैं।"

"अगर यह सब आदर्श है तो फिर यथार्थ क्या है ?" जमील थोड़ा-सा उत्तेजित हो उठा।

"यथार्थ यह है कि...

“मुसलमान मूलतः आतंकवादी होता है !”

जमील के इस वाक्य से श्रीरामप्रसाद ‘हठी’ बुरी तरह चिढ़ गए। बोले :

“मैंने तो यह नहीं कहा।”

“ख़ैर, इस वक़्त एक कहानी और याद आ रही है।”

इतना कहकर जमील ने ‘हठी’ जी को ग़ौर से देखा। ‘हठी’ जी मौन थे।

“यह कहानी मिथकीय है,” जमील ने भूमिका बाँधी, फिर कहना शुरू किया :

“एक समय ऐसा आया कि यूनान का बच्चा-बच्चा महाज्ञानी हो गया। बात अल्लाह मियाँ तक पहुँची और अन्देशा जताया गया कि अगर यही हाल रहा तो यूनान के लोग ख़ुदाई का दावा करने लगेंगे। अल्ला मियाँ को विश्वास नहीं हुआ। मगर जब कई स्रोतों से यह बात बार-बार दुहराई जाने लगी तो अल्लाह मियाँ ने अपने चार प्रमुख फ़रिश्तों में से एक, यानी जिब्रील को सच्चाई का पता लगाने के लिए यूनान भेजा।”

“जिब्रील एक बालक का रूप धारण करके धरती पर आए और यूनान की एक गली में खेल रहे बच्चों के बीच जा मिले। फिर उन्होंने चार बच्चों को अलग किया और उन्हें लेकर एक पेड़ के नीचे चले गए।”

“तब जिब्रील ने उन चारों बच्चों से कहा—”

‘चलो, हम लोग एक नया खेल खेलें।’

बच्चों ने पूछा, ‘कौन-सा खेल ?’

जिब्रील ने कहा, ‘चलो, हम लोग अपनी आँखें बन्द करके पता लगाएँ कि इस वक़्त जिब्रील कहाँ हैं ?’

“सभी बच्चों ने अपनी आँखें बन्द कर लीं। फिर एक बच्चे ने आँखें खोलकर कहा, मैंने स्वर्ग में पता लगा लिया। वहाँ तो नहीं हैं। दूसरे बच्चे ने कहा, मैंने पाताल में पता लगाया, वे वहाँ भी नहीं हैं। तब तीसरे बच्चे ने आँखें खोलीं और बोला, मैं समूची धरती का चक्कर काट आया, मगर जिब्रील तो कहीं मिले नहीं।”

“अब सभी बच्चे एक-दूसरे का मुँह देखने लगे।”

“फिर क्या हुआ ?” ‘हठी’ जी ने जमील से इस तरह पूछा मानो इस बार वे सही अर्थों में कहानी का रस ग्रहण कर रहे हों।

जमील बोला :

“तब, चौथा बच्चा उस बच्चे की ओर मुख़ातिब हुआ, जो वास्तव में

जिब्रील का बालरूप था और बोला : अब तो हम दो ही बचे; इसलिए जिब्रील या तो मैं हूँ या फिर तुम !''

''फिर ?''

'हठी' जी की उत्सुकता जारी रही।

''फिर क्या ? कहानी ख़त्म।''

''मगर इस कहानी का मतलब क्या निकला?''

''मतलब यही निकला, कि अगर कोई बात आपने नहीं कही होगी तो मैंने कही होगी। तीसरा आदमी तो यहाँ कोई है नहीं।''

''मगर क्यों ?''

''क्योंकि मैं मुसलमानों को डिफ़ेंड कर रहा हूँ।''

''क्यों ?''

''क्योंकि मैं मुसलमान हूँ।''

यह कहते हुए जमील के होंठों पर एक विद्रूप-सी मुस्कान तैर गई।

श्री रामप्रसाद 'हठी' ने उस मुस्कान को महसूस किया और उनकी मुद्रा बदल गई। बोले :

''मेरा तो यह मानना है कि लेखक का एक ही धर्म है—मानवता। लेखक न हिन्दू होता, न मुसलमान; वह सिर्फ़ लेखक होता है। और जमील साहब, यह न भूलिए कि आप लेखक भी हैं।''

''जी हाँ, हिन्दी का मुसलमान लेखक।''

''इससे फ़र्क क्या पड़ता है?''

''आप शायद ठीक कहते हैं। इसीलिए तो हिन्दी का कोई ब्राह्मण लेखक, ठाकुर लेखक या कायस्थ लेखक नहीं होता; मगर...''

यह कहता हुआ जमील उठ खड़ा हुआ और 'तूणीर' के दफ़्तर से तीर की तरह बाहर निकल गया।

सुबह का अख़बार देखकर जमील चौंका। उसके शहर में दंगा हो गया था।

वापसी के लिए उसका रिज़र्वेशन अगले दिन का था। उस दिन उसे कहीं और जाना था। मगर उसने सारा कार्यक्रम रद्द कर दिया। होटल के कमरे से बाहर निकलकर, एक ढाबे में उसने नाश्ता किया और लौटकर अपना सामान बाँधने लगा। रह-रहकर उसे राबिया और अपनी मुनिया का ख़याल

आता। न जाने उन पर क्या बीत रही होगी ? उसके मुहल्ले से थोड़ी ही दूर पर हिन्दुओं का मुहल्ला था।

ढाई बजे दोपहर को उसके शहर के लिए एक गाड़ी थी। वह बारह बजे ही होटल से निकल पड़ा। टिकट के लिए लाइन में लगना, साधारण डिब्बे में घुसकर बैठने के लिए जगह पाना...अनेक मुसीबतें थीं।

स्टेशन पर बहुत भीड़ थी। जमील की तरह मानो अनेक लोग थे, जो दंगे की ख़बर पढ़कर भाग रहे थे। प्लेटफ़ार्म पर ट्रेन के लगते ही लोग साधारण डिब्बों में घुसने लगे। धक्का-मुक्की होने लगी। कई लोगों ने ऊपर की, सामान रखनेवाली बर्थ पर अपने अँगोछे फैला दिए। जमील भी किसी तरह एक बर्थ पर चढ़ गया और पैर फैलाकर लेट गया। डिब्बे में भीड़ इतनी हो गई थी, कि घुटन होने लगी। प्यास से गला सूखा जा रहा था। जमील इधर-उधर देख रहा था, कि किसी के पास पानी हो तो माँग कर पी ले। लेकिन अगर किसी ने पूछ लिया कि...तुम्हारा नाम क्या है ? तुम्हारी जाति क्या है ? तुम्हारा धर्म क्या है ?...तो ?

जमील ने आँखें बन्द कर लीं। उसकी बन्द आँखों में दंगाग्रस्त शहर का दृश्य उभरने लगा।

और इसके साथ ही ट्रेन चल पड़ी।

ट्रेन जब स्टेशन से बाहर निकली तो थोड़ी-सी राहत हुई। बाहर की हवा अन्दर आई।

पूरा दिन और पूरी रात जमील उसी निखर्री बर्थ पर भूख-प्यास से जूझता हुआ पड़ा रहा। वह पेशाब करने के लिए भी नीचे नहीं उतरा।

अगले दिन, जब वह ट्रेन के डिब्बे से बाहर निकला तो सुबह के सवा छः बजे थे। प्लेटफ़ार्म का वातावरण सामान्य था। लोगों से पूछने पर मालूम हुआ कि स्टेशन के इलाक़े में तो कोई ख़तरा नहीं है, मगर भीतर शहर में कर्फ़्यू है। आठ बजे से दस बजे के दरम्यान कर्फ़्यू में ढील दी जाएगी।

जमील ने चाय ली और प्लेटफ़ार्म की एक बेंच पर बैठ गया।

वह सिर झुकाए चाय पी रहा था और रह-रहकर घड़ी देख रहा था। अभी सात बजने में दस मिनट बाक़ी थे।

तभी उसे लगा कि बेंच पर कोई और आकर बैठ गया है। उसने निगाह उधर की। वे 'वीथी' के सम्पादक थे। अख़बार पढ़ रहे थे।

"नमस्कार।"

जमील की आवाज़ से वे चौंके।

"अरे जमील साहब, आप ! नमस्कार ! कहाँ जा रहे हैं ?"

"मैं जा नहीं रहा हूँ, आ रहा हूँ। एक सम्मेलन में गया था। और आप ?"

"मैं एक सम्मेलन में जा रहा हूँ।

"मगर आप यहाँ पहुँचे कैसे ? बाहर तो कर्फ्यू है।"

"कर्फ्यू का पास है न; सभी पत्रकारों को मिला है। अरे..."

इतना कहकर सम्पादक महोदय अपने अख़बार को जल्दी-जल्दी उलटने लगे।

"क्या हुआ ?"

जमील को घबराहट हुई।

"इसमें ख़बर तो नहीं है," 'वीथी' के सम्पादक ने उसी तरह अख़बार उलटते हुए कहा, "सुना है, कल रात एक पत्रकार को किसी ने चाकू मार दिया।"

"पत्रकार को ? कौन था वह ?"

"यह तो मालूम नहीं; अच्छा चलूँ, मेरी ट्रेन दूसरे प्लेटफ़ार्म पर आएगी।"

और जानकी प्रसाद जी 'कमल' उठकर सीढ़ियों की तरफ़ चल पड़े। जमील ने घड़ी देखी। साढ़े सात होने वाले थे।

"अरे सुनिए जमील साहब, इसकी ख़बर है अख़बार में।" यह कहते हुए 'कमल' जी अख़बार लिए-लिए लगभग दौड़ते हुए उसके पास आए, "वह तो इक़बाल बहादुर राय था।"

"इक़बाल..."

जमील ने अख़बार उनसे छीन लिया।

ख़बर छपी थी। पत्रकर इक़बाल बहादुर राय को किसी दंगाई ने चाकू मार दिया था। वह उस वक़्त एक मुस्लिम इलाक़े में रिपोर्टिंग के लिए गया हुआ था।

जमील के हाथ मे अख़बार गिर गया।

कमल जी ने अख़बार उठाया और बग़ैर कुछ बोले फिर सीढ़ियों की तरफ़ चल पड़े।

"अरे, आप तो कल आनेवाले थे।"

राबिया ने जमील को अन्दर घुसते हुए देखकर आश्चर्य के साथ कहा। जमील ख़ामोश रहा। उसने अपना सूटकेस तख़्त पर रखा और सिर थामकर वहीं बैठ गया।

"क्या हुआ ? बहुत परेशान लग रहे हैं ! इस इलाक़े में तो कुछ ख़ास हुआ नहीं। हाँ, शहर में बहुत गड़बड़ है। चौकवाले मज़ार में किसी ने आग लगा दी थी। दंगा उसी वजह से भड़का।"

राबिया ने जल्दी-जल्दी यह सब कहा और स्टोव जलाकर चाय बनाने लगी। मुनिया सोई हुई थी।

"प्रोग्राम कैसा रहा ?"

राबिया ने जमील को चाय देते हुए पूछा। जमील ने चाय का प्याला एक तरफ़ रख दिया और ख़ामोश रहा।

"आप बोलते क्यों नहीं ? आख़िर बात क्या है ?" राबिया झुँझलाई।

"इस दंगे में मेरे एक दोस्त को किसी ने चाकू मार दिया।"

"दोस्त को ? कौन था वह ?"

जमील ने राबिया को कोई जवाब नहीं दिया। इस पर वह और झुँझलाई।

"वह 'हे' था या 'मीम', मेरा मतलब... !" राबिया ने आगे कुछ नहीं कहा।

"वह एक पत्रकार था।"

जमील ने बस इतना ही कहा और तख़्त पर लेट गया। चाय उसी तरह पड़ी रही।

राबिया वहाँ से चली गई और अपने काम में लग गई।

दिन में दो बार कर्फ़्यू में ढील दी जाती थी। सुबह आठ से दस बजे और शाम को दो से चार बजे तक।

जमील दोपहर में, खाना खाकर लेटा ही था कि दरवाज़े पर दस्तक हुई। उस वक़्त ढाई बज रहे थे। राबिया ने दरवाज़ा खोला और बताया कि तिवारी मास्टर साहब आए हैं।

तिवारी जी सहमे हुए-से थे।

जमील ने उन्हें बैठने के लिए कहा और ख़ुद भी बैठ गया।

"आपके मित्र, इक़बाल बहादुर राय की लाश मेरे दरवाज़े पर रखी है।"

तिवारी जी ने रुक-रुककर कहा।

जमील चुप रहा।

"उनका अन्तिम संस्कार करना है।"

जमील फिर चुप रहा।

"मगर..."

जमील को मानो कुछ नहीं सुनाई पड़ा।

"कवी जी, आप सुन तो रहे हैं !" तिवारी जी ने ज़रा ज़ोर से कहा।

"हाँ," जमील चौंका, "क्या ?"

"मगर उनके गाँव से एक सज्जन आए हैं, वे कह रहे हैं कि राय साहब मुसलमान हैं।"

"हैं नहीं, थे।"

जमील की आवाज़ में कड़ुवाहट थी।

"वही..." तिवारी जी ने मानो लज्जित होते हुए कहा, "तब तो उनको दफनाया जाएगा न। हम तो श्मशान ले जाने की तैयारी कर रहे थे।"

"हूँ।"

इसके अलावा जमील ने कुछ नहीं कहा।

"आपकी मदद चाहिए।"

"ठीक है चलिए, मैं आता हूँ।"

तिवारी जी खड़े हो गए।

"मगर तिवारी जी, सुना है उन्हें मुसलमानों के मुहल्ले में चाकू मारा गया।"

तिवारी जी बग़ैर कुछ बोले कमरे से बाहर निकल गए।

13

दंगा शान्त हो गया था। माहौल कुछ ऐसा था मानो अभी-अभी कोई भयंकर तूफ़ान ठंडा पड़ा हो। जैसे, तूफ़ान रुक जाने के बाद चारों तरफ़ बिखरे हुए पत्ते, टेढ़ी-मेढ़ी पड़ी पेड़ों की डालें, बिजली और टेलीफ़ोन के गिरे हुए खम्भे वग़ैरह नज़र आते हैं—वैसा ही कुछ जनजीवन दिखाई पड़ रहा था शहर का। रिक्शे चल रहे थे, मगर उनकी घंटियाँ नहीं सुनाई पड़ रही थीं। स्कूटरों और कारों की आवाज़ें ग़ायब थीं। लोग आ-जा रहे थे, ऐसे, मानो क़ब्रिस्तान में मुर्दे चल रहे हों। सब कुछ था, मगर जीवन नज़र नहीं आ रहा था।

कर्फ़्यू ख़त्म हो गया था। दुकानें खुल गई थीं। कुंजड़ों ने कर्फ़्यू के दौरान बासी पड़ गई सब्ज़ियाँ सजा दी थीं, जिन पर लोग टूटे पड़ रहे थे। मगर खोमचेवालों के पास बच्चे नज़र नहीं आ रहे थे। बहुत से दुकानदार तो अपनी दुकानों को झाड़ने-पोंछने में ही लगे हुए थे। बजाजे में कपड़ों की थानें उलटी-पुलटी जा रही थीं, मगर सामने से गुज़र रही स्त्रियों को पुकारने की हिम्मत किसी में नहीं थी, कि बहिन जी ये साड़ी तो देखती जाइए। पोस्ट ऑफ़िस में चिट्ठियों का अम्बार लगा था, पर उन्हें छाँटने की दिलचस्पी किसी में नहीं थी। पार्कों में बच्चे खेल रहे थे, मगर आपस में लड़ नहीं रहे थे।

यह सब देखता हुआ, अपनी साइकिल पर जमील कॉलेज जा रहा था; क्योंकि शहर के सभी स्कूलों-कॉलेजों की तरह उसका कॉलेज भी खुल गया था। रास्ते में कई बार ऐसा हुआ कि उसकी साइकिल के सामने कोई न कोई आ गया। कभी कोई बूढ़ा, कभी कोई बच्चा, कभी कोई स्त्री, कभी कोई कुत्ता..., मगर घंटी बजाने का साहस उसे नहीं हुआ। या तो साइकिल उसने

मोड़ ली, या फिर ब्रेक लगाकर उतर पड़ा।

भय सभी ओर व्याप्त था; कि कहीं किसी छोटी-सी हरकत से वही तूफ़ान फिर न आ जाय। बच्चे तक सतर्क थे। बहुत से, लुंगी पहननेवाले, अपने बेटों के बेढंगे पैंट पहनकर निकले थे। बहुत से माथों पर चन्दन का लेप ग़ायब था। स्त्रियों ने अपना सिन्दूर घूँघट से ढँक लिया था। चूड़ीदार पाजामा पहननेवाली बुढ़ियाएँ भी ऊटपटाँग साड़ियाँ बाँधकर निकली थीं... मततब, जमील को कुछ ऐसा ही दिख रहा था। पता नहीं, ऐसा था या नहीं। पर, कुछ तो था जो सामान्य नहीं था।

जमील जब कॉलेज पहुँचा, प्रेयर शुरू नहीं हुई थी। प्रेयर इसलिए, कि 'प्रार्थना' कहने से यदि कॉलेज के बहुसंख्यकों की भावनाओं को चोट पहुँचती थी तो 'दुआ' कहने से अल्पसंख्यकों को। इसलिए 'महात्मा गांधी' के नाम से चल रहे उस इंटर कॉलेज में न तो प्रार्थना होती थी, न दुआ। वहाँ प्रेयर होती थी। जमील कभी-कभी सोचता कि प्रार्थना और दुआ के बीच घुसे हुए इस 'प्रेयर' का रहस्य अगर भारतवासियों की समझ में आ जाय तो देश की एक बड़ी समस्या का हल हो सकता है। मगर समझाएगा कौन और समझेगा कौन ?

प्रेयर के बाद अध्यापकगण अपना-अपना हाज़िरी-रजिस्टर और डस्टर लेकर अपनी-अपनी कक्षाओं में चले गए। प्रिंसिपल साहब आदतन राउंड पर निकले, जैसे कुछ अध्यापक और कुछ चपरासी आदतन चॉक लेकर बाथरूम की ओर गए। ऑफ़िस में, क्लर्कों के बीच, दंगे को लेकर कुछ बातचीत शुरू हुई, मगर जल्दी ही बन्द हो गई।

स्टाफ़रूम में, रेसेस के वक़्त, सभी अध्यापक जमा हुए। जैसा कि उस कॉलेज में एक अलिखित-सा नियम बना हुआ था, तथाकथित सभी 'हिन्दू टीचर' एक तरफ़ बैठे। जमील अपने डेस्क पर बैठा सोच रहा था, कि अभी ये लोग उसके प्रति संवेदना प्रकट करेंगे; कि उसका पत्रकार मित्र इक़बाल बहादुर राय दंगे में मारा गया था। मगर किसी की ज़बान से कुछ नहीं निकला। थोड़ी देर बाद सारे 'हिन्दू टीचर' एक-एक कर उठे और बाहर चले गए। अब जमील ने सोचा कि बाक़ी अध्यापक दंगे में दर्शाई गई मुसलमानों की वीरता के सम्बन्ध में डींगे हाँकेंगे। मगर कुछेक फुसफुसाहटों के अतिरिक्त उसे कुछ नहीं सुनाई पड़ा।

सुनाई पड़ी सिर्फ़ रेसेस ख़त्म होने और कक्षा आरम्भ होने की घंटी। वह

भी मरी-मरी सी। चूँकि वह छठवाँ पीरियड था, इसलिए चपरासी ने टन् टन् टन् टन करने के बाद छः बार ज़रा ज़ोर से टन्न टन्न किए और फिर सब कुछ शान्त। मैदान में खेलनेवाले लड़के भाग-भागकर अपनी कक्षाओं में पहुँच गए। पी.टी. टीचर स्कूल के बरामदे में इस उम्मीद पर खड़े रहे कि अगर कोई लड़का अब भी अपनी कक्षा में नहीं गया तो उसकी ख़बर लेंगे। मगर ऐसी नौबत नहीं आई। तब वे धीरे-से मुड़े और स्टाफ़रूम में चले गए।

सिद्दीक़ी साहब और जमील—दोनों के पीरियड्स ख़ाली थे; इसलिए वे स्टाफ़रूम में बैठे हुए थे। पी.टी. टीचर भी आ गए। दो मुसलमानों के बीच एक हिन्दू। जमील का दिल धक्-धक् करने लगा। कहीं सिद्दीक़ी साहब कोई ऐसी-वैसी बात न छेड़ दें।

"ईद पर इस बार नया क्या ला रहे हैं मास्साब ?" सन्नाटे को पी.टी. टीचर ने तोड़ा।

"ईद," सिद्दीक़ी साहब चौंके, "अच्छा, ओ ! ईदे-मीलादुन्नबी ! इस बार जलसा जमेगा नहीं, लगता है।"

सिद्दीक़ी साहब, ईदे-मीलादुन्नबी के अवसर पर नात पेश करनेवाली अंजुमन के सदर थे। जलसे को लेकर आशंकित थे, शायद इसी दंगे की वजह से।

"क्यों ?" पी.टी. टीचर ने सवाल किया तो जमील के दिल की धड़कन और बढ़ गई।

"हमारी टीम का सबसे अच्छा नात पढ़नेवाला नब्बू बम्बई चला गया है; रोज़गार की तलाश में।"

टन्न, टन्न, टन्न...सातवाँ पीरियड शुरू हो गया था। जमील उठा और अपनी कक्षा की ओर चला गया। अब उसका मन हलका था, जैसे दिल से कोई बोझ हट गया हो।

•

कॉलेज से लौटकर, आदत के मुताबिक़, जमील ने अपना लेटर-बॉक्स खोलकर देखा तो वह ख़ाली पड़ा था।

अन्दर आकर, कपड़े बदलते हुए उसने राबिया से कहा : "आज कोई ख़त नहीं आया !"

राबिया मुस्कराई।

"क्या बात है ?" जमील ने राबिया को ग़ौर से देखते हुए पूछा और चारपाई पर बैठ गया। मुनिया आकर उसके पैरों से लिपट गई।

"चिट्ठियाँ तो कई आई हैं।"

राबिया ने मुनिया को उठाकर चारपाई पर बैठा दिया। और फिर पति-पत्नी का संवाद शुरू हो गया।

"मेरी किसी रचना की स्वीकृति का पत्र भी है ?"

"आपको तो बस अपनी रचना की ही पड़ी रहती है। हमारे भैया की चिट्ठी आई है।"

"किस भैया की ?"

"हमारा एक ही तो भैया है। श्यामू भैया की।"

"क्या लिखा है ?"

"उसका ब्याह तय हो गया है। सनीचर को तिलक-बरच्छा है। बुलाया है।"

"इसी शनिवार को ?"

"हाँ। लीजिए, मुनिया को पकड़िए, मैं चाय बनाकर लाती हूँ।"

इतना कहकर राबिया ने मुनिया को जमील की गोद में बैठा दिया और एक तरफ़ बने रसोई में बैठकर स्टोव में हवा भरने लगी।

शनिवार को, चलते समय जमील ने राबिया से पूछा :

"वहाँ कुछ देना-वेना भी होगा ?"

"नहीं तो। हम लड़केवाले हैं। जो कुछ देना होगा, लड़कीवाले देंगे। पचीस हजार नक़द और पचीस हजार के दहेज पर ब्याह तय हुआ है।"

"यह तो बड़ी ज़्यादती है लड़कीवालों के साथ !"

"मगर हम अपना हीरा जैसा भाई भी तो दे रहे हैं।"

"दे रहे हैं कि ले रहे हैं..."

"अच्छा अब चुप भी रहिए। जल्दी कीजिए नहीं तो बस छूट जाएगी। फिर अगली बस तीन बजे मिलेगी। और चार बजे का लगन है।"

जमील चुप हो गया। उसने अपना बैग उठाया, राबिया ने मुनिया को सँभाला और रिक्शा करके पति-पत्नी बस-स्टैंड की तरफ़ चल पड़े।

रास्ते-भर राबिया अपने श्यामू भैया और उसके परिवारवालों के बारे में बतियाती रही।

बस से उतरकर जब गाँव की ओर चले तो रास्ते के दृश्य ने जमील का मन मोह लिया। गाँव सदा ही जमील को आकर्षित करता है। टेढ़ी-मेढ़ी पगडंडियाँ, पेड़-पालो, नदी-तालाब, खेत। खेतों में काम करते लोग। अमराई। खलिहान। टीले।

गाँव के निकट पहुँचे तो देखा, सामने से कोई चला आ रहा है।

''यह आदमी कौन है ?

जमील ने पूछा तो राबिया ने ग़ौर से उस आदमी को देखा। बोली :

''अच्छा आदमी नहीं है। मुँह मत लगिएगा। बोलेगा ज़रूर। मगर बहस करनेवाली अपनी आदत को दबा ले जाइएगा।''

जमील चुप रहा।

आदमी अब क़रीब आ गया था। जमील सामने देखने की बजाय दाईं ओर देखने लगा था।

''आदाबर्ज बहनोई साहब।''

जमील ने उस आदमी की आवाज़ सुनी, मगर अनसुनी कर दी।

''अरे ऐसी भी क्या बेरुखी बहनोई साहब; हमरी बहिनिया ने कुछ जादू-टोना कर दिया है क्या ?''

जमील के तन-बदन में आग लग गई। 'हमरी बहिनियाँ' में उसे मिठास की जगह दुर्गन्ध का अनुभव हुआ। अब उसने जलती हुई आँखों से उस आदमी की ओर देखा।

''बहुद दिनों बाद दिखे। सब कुसल मंगल तो है ?''

''हाँ, सब ठीक है।'' जमील ने संक्षिप्त-सा उत्तर दिया। अब वे आमने-सामने खड़े थे।

''अरे ई कहो न कि सब खैरियत है। अल्ला का फजल है।'' आदमी मुस्करा रहा था।

''यहाँ, गाँव में तो सब ठीक है न ?''

जमील ने रस्मअदायगी के बतौर पूछ लिया। राबिया बग़लवाले महुवे के पेड़ के नीचे जाकर खड़ी हो गई थी। मुनिया उसके कन्धे पर सो गई थी।

''मन्दिर बनवा रहे हैं,'' उस आदमी ने कहना शुरू किया, ''अच्छे मौक़े पर आए हो। गाँव के दमाद के नाते आपो का चन्दा देय के पड़ी। पुरखों के पाप धुल जाएँगे।''

जमील का जिस्म अदवाइन की तरह तन गया।

किन पुरखों के पाप धुल जाएँगे ?

कौन थे उसके पुरखे ?

क्या पाप किया था उन पुरखों ने ?

जमील से कुछ कहते न बना। वह कतराकर आगे बढ़ गया। राबिया भी उसके पीछे हो ली।

''आएँगे हम चन्दा लेने।''

पीछे से उस आदमी की आवाज़ इस तरह आई जैसे गुलेल से कोई कंकड़ छिटका हो।

कन्धे पर सोई मुनिया चौंक उठी।

थोड़ा और आगे बढ़ने पर एक दूसरा आदमी दिखा, जो महुवे के पेड़ से अपनी बकरियों के लिए पत्ते तोड़ रहा था। पेड़ के नीचे बकरियाँ पत्ते खा रही थीं। नज़दीक पहुँचने पर जमील को वह आदमी कुछ जाना-पहचाना-सा लगा।

''इस आदमी को जानती हो ?''

जमील ने उस आदमी के बारे में भी राबिया से पूछा तो राबिया ने बुरा-सा मुँह बनाया। बोली :

''गाँव में इस आदमी को कौन नहीं जानता ! एक हाथ के खीरे में से नौ हाथ का बीज निकालने में माहिर इससे बड़ा कोई आदमी नहीं है गाँव में। अगर किसी दूसरे गाँव से कोई सगे भाई-बहन भी इस रास्ते से गुज़रें तो यह आदमी चारों तरफ़ फैला देगा कि एक आदमी एक लड़की को भगाए लिए जा रहा था।''

''तब तो यह उस पहलेवाले आदमी से भी ज़्यादा ख़तरनाक है।''

''हाँ, मगर मैंने तो सोचा था कि आप इसे जानते होंगे।''

''वो कैसे ?''

''वो ऐसे, कि आपके स्कूल के जो प्रिंसिपल साहब हैं न, उनकी बिटिया इसको ब्याही है।''

''इस चरवाहे से ?''

“यह चरवाहा नहीं, घाघ है घाघ। तरह-तरह के धन्धे करता है। और इसका सबसे बड़ा धन्धा तो तब चलता है, जब हाईस्कूल और इंटर बोर्ड के इम्तेहान शुरू होते हैं। नक़ल कराने का यह ठेका लेता है। और ख़ास कर लड़कियों का।”

“तब तो तुम भी इसके जाल में ज़रूर फँसी होगी ?”

जमील ने राबिया को चिढ़ाने के अन्दाज़ में कहा, जिसे वह समझ गई। इसलिए बुरा नहीं माना। बोली :

“अगर इसके जाल में पड़ती तो हाईस्कूल के इम्तेहान में फ़ेल न होती। फिर तो आप हमारे अब्बा को जानते ही हैं; वे बस देखने में ही सीधे हैं...”

राबिया और कुछ बोलती कि उस आदमी ने पत्तों की तुड़ाई बन्द कर दी और मुड़कर इनकी ओर देखा। जमील और राबिया तब तक महुवे के उस पेड़ के क़रीब पहुँच गए थे।

“सलाँवालेकुम, मेरा नाम परवेज़ है।” आदमी ने सलाम किया।

“वालेकुम सलाम !” जमील ने जवाब दिया।

“लगता है, आपने पहचाना नहीं। मैं आपके प्रिंसिपल साहब का दामाद हूँ। सुना था, कि आपकी शादी भी इसी गाँव में हुई है।”

“मगर आपने मुझे कैसे पहचाना ?” जमील ने हैरत के साथ प्रश्न किया।

“क्यों, आप भी तो अपने पूरे स्टाफ़ के साथ हमारी शादी में शामिल हुए थे।”

“मगर उस भीड़भाड़ में... ।”

“उस भीड़भाड़ में आप पर मेरी निगाहें ज़्यादा गड़ी हुई थीं,” परवेज़ ने बीच में ही टोक दिया। “क्योंकि पूरे स्टाफ़ में सिर्फ़ आप ही थे जो बाजेवालों को आगे बढ़-बढ़कर पैसे दे रहे थे।”

“ओह ! मगर वह तो... ।”

“नहीं, नहीं,” परवेज़ ने फिर टोका, “मैं यह नहीं कहता कि इस बहाने आप अपने प्रिंसिपल साहब की चमचागिरी कर रहे थे। यह तो आपकी दरियादिली थी।”

“चलिए अब, देर हो रही है।” राबिया ने जमील की बाँह पकड़ते हुए कहा। वह समझ गई कि उस आदमी की आख़िरी बात कड़वी थी और गुस्से से जमील का चेहरा तन गया था।

राबिया अपने पति को लगभग घसीटती हुई आगे बढ़ चली। मगर वह आदमी ख़ामोश नहीं रहा। बोला :

''भाई साहब तो लगता है नाराज़ हो गए, मगर साली साहिबा, यह तो बताती जाइए कि गाँव में आना कैसे हुआ ? यूँ ही नइहर घूमने आई हो या कोई ख़ास बात है ?''

''हमें नइहर घूमने का वैसा शौक़ नहीं है, जैसा कुछ लोगों को ससुराल घूमने का शौक़ होता है।''

राबिया ने व्यंग्यपूर्वक जवाब दिया तो परवेज़ चिढ़ा नहीं, बल्कि मुस्कराता हुआ बोला :

''फिर तो कोई ख़ास काम से ही आना हुआ होगा।''

''हाँ, बहुत ख़ास काम है। आज हमारे श्यामू भइया का तिलक है।''

''कौन श्यामू ? ऊ बनिया का लड़का ? आपका भैया कब से हो गया वह ? कोई मुसलमान नहीं मिला आपको भाई बनाने के लिए ?'' परवेज़ की आवाज़ में पहलेवाले आदमी से भी ज़्यादा ज़हर घुला हुआ था।

''आपसे मतलब ?'' राबिया ने बस इतना कहा और जमील की बाँह पकड़े-पकड़े आगे बढ़ गई।

जमील को पहले तो लगा था कि किसी ने उसके मुँह में कच्ची अमिया डाल दी हो, मगर अब लग रहा था जैसे उसके मुँह में नीम की कुचली हुई पत्तियाँ भर दी गई हों।

ससुराल पहुँचने पर जमील को लगा कि उस घर में उन लोगों का बड़ी बेसब्री से इन्तज़ार हो रहा था। राबिया के पिता, जो निखर्री चारपाई पर लेटे कुछ गुनगुना रहे थे; हड़बड़ाकर उठ बैठे। राबिया ने मुनिया को उनकी गोद में दिया और माँ से लिपटकर रोने लगी। जमील ने अपना बैग एक तरफ़ रखा और वह भी उसी निखर्री चारपाई पर बैठ गया। ससुर से अलैक-सलैक हुआ। मुनिया नाना के पास से भागकर अपने पिता के पास चली गई और उनकी तरफ़ घूर-घूरके देखने लगी।

माँ-बेटी जल्दी ही चुप हो गईं और भीतर जाकर व्यस्त हो गईं।

दोपहर का खाना सादा ही था। अरहर की दाल, चावल, रोटी, आलू-बैंगन की सब्ज़ी, अचार...पहले बाहर मर्दों ने खाया; फिर भीतर औरतों ने।

जमील के लिए दूसरी चारपाई डाल दी गई। कथरी बिछी हुई। एक दूसरी कथरी को ही तहाकर तकिया बना दिया गया। जमील उस पर लेट गया।

"अरे बिटिया, तोर श्यामू भइया काल्है से परेशान बा। कजनी केतनी बार पूछि गवा। दीदी नाँहीं आइन, दीदी नाँहीं आइन। आजु दाईं खुद आवा रहा। बेटवा तईं-सा अराम कई लेंय त चलि जा हुवाँ। हम केहू से कहलवाय देइथे।"

जमील ने राबिया की माँ की आवाज़ सुनी और आँखें मूँदे पड़ा रहा।

जमील ने जब थोड़ा आराम कर लिया तब राबिया उसे लेकर श्यामू के घर पहुँची। अब तक जमील का मन भी थोड़ा शान्त हो गया था।

श्यामू के दरवाज़े पर चारपाइयाँ पड़ी थीं और उन पर तरह-तरह के लोग जमे हुए थे। सजावट तो नहीं थी, मगर भीड़-भड़क्के से लग रहा था कि यहाँ कोई भव्य आयोजन है। स्त्रियाँ बाहर-भीतर आ-जा रही थीं। बच्चे धमा-चौकड़ी कर रहे थे। एक अजीब तरह का शोर पूरे वातावरण में भरा हुआ था।

जमील और राबिया को देखते ही श्यामू लगभग दौड़ता हुआ-सा उनके पास आया और मुस्करा उठा।

"अरे दीदी, बहुत इन्तज़ार कराया तुमने। आओ। आइए जीजा जी, आइए।"

उसने बड़े स्नेह के साथ उनका स्वागत किया और मुनिया को राबिया की गोद से लगभग छीन-सा लिया। मुनिया मचलने लगी।

"अरे अरे, मामा को नहीं पहचानती, अच्छा भई जाओ अपनी अम्माँ के पास।"

यह कहते हुए उसने मुनिया को राबिया के हाथों में दे दिया और राबिया उस घर के भीतर घुसकर एकदम अलोप हो गई।

"बैठिए जीजा जी, आइए।"

श्यामू ने एक चारपाई की तरफ़ इशारा किया और झटके-से चला गया। कोई उसे पुकार रहा था।

चारपाइयों पर एक तरफ़ गाँव के लोग विराजमान थे और दूसरी तरफ़

बाहर से आए हुए मेहमान। तिलकहरुओं के लिए शायद किसी और जगह इन्तज़ाम किया गया था। श्यामू ने जिस चारपाई की तरफ़ इशारा किया था, जमील उस पर नहीं बैठा। वह जाकर दूसरी चारपाई पर बैठ गया। वहाँ बाहर से आए हुए कुछ बड़े-बूढ़े बैठे थे और किसी महत्त्वपूर्ण विषय पर वार्तालाप कर रहे थे।

"सुना है, श्यामू के बाबू पचीस हजार नगद कहिन हैं।"

"अउर ओतनै के दहेज।"

"समधियऊ क हैसियत है ?"

"हैसियत त जादा क बा !"

"मुलाँ है भाई अन्याव।"

"हम हिन्दुअन माँ यही त खराबी है। मुसलमानन क देखौ। निकाह कइ दिहिन, किस्सा खतम।"

"नहीं, मुसलमानों में भी ये ख़राबी है।" जमील बोला तो लोग चौंके। सभी उसकी तरफ़ घूर-घूरकर देखने लगे।

"आँय ! का कहेव ?" एक सज्जन ने ताँबे की कील से दाँत खोदते हुए पूछा, "का भइया, तूँ सहर से आय रहे हौ का ? बड़ी नई बात कहेव !"

"हाँ, सुनने में नई लगती है, मगर बहुत नई नहीं है।"

"त का मुसलमानन के हियाँ भी तिलक-बरच्छा होय लाग।"

"मँगनी के नाम पर वहाँ भी यही सब होता है।"

"लेन-देन भी ?"

"हाँ।"

"अउर दहेज ?"

"वह तो पहले भी था।"

"मुलाँ बर-बिकउवल त न होत होई; कि डाग्दर है त अतना रुपिया, इंजीनर है त अतना रुपिया, लक्चरार है त अतना..."

"सब होता है। मुसलमानों के यहाँ भी अब दूल्हे बिकने लगे हैं।"

"डिमांडौ बा ?"

"हाँ, डिमांड से भी शादियाँ होती हैं। स्कूटर और कार से लेकर नक़द रुपए तक वहाँ भी माँगे जाते हैं।"

"तब भइया काहे का हिन्दू-मुसलमान ?"

"अरे भइया, ई जमाना माँ सबसे बड़ी समसिया बा बिटिया का बियाह।"

"अउर जस भइया कहिन, ई समसिया दूनौ जगे है।"

"अउर मजा ई देखौ कि एका भुलाय के दूनो जने सिर फुटव्वल कइ रहिन हैं।"

"कोऊ ससुरन से जाइ के काहे नाँही कहत, कि पहिले बिटिया के बियाह की समसिया का हल कइ लेव, फिर आपस में लड़ौ। लड़ौ, चाहे जाहो चूल्हे भाड़ माँ"

"हाँ नाँही तौ, जब देखौ हिन्दू-मुसलमान, हिन्दू-मुसलमान। हिन्दू-मुसलमान न होइ गैन, छूरी-कटारी होइ गइन..."

ठीक उसी वक़्त श्यामू उधर निकल आया। उसके कानों में जब 'हिन्दू-मुसलमान' की बात पड़ी तो वह डर गया। सोचा, कहीं कुछ गड़बड़ न हो जाय, इसलिए जल्दी से जमील के पास पहुँचा और उसका हाथ पकड़कर उसे उठाते हुए बोला :

"चलिए जीजा जी, आप यहाँ से चलिए। चलकर उधर बैठिए।"

"नहीं, मैं ठीक हूँ यहाँ।" जमील ने हाथ छुड़ाना चाहा, मगर श्यामू नहीं माना। जमील को उठना पड़ा।

"इन मूर्खों के बीच में आप कहाँ फँस गए थे," आगे बढ़ते हुए श्यामू ने कहा, "इनको कोई काम-धाम तो है नहीं, मेहमानी करने आए हैं; अपनी-अपनी हाँक रहे हैं। आपको किसी ने कुछ कहा तो नहीं।"

"नहीं तो," जमील ने सहजता के साथ कहा, "बल्कि मुझे तो उनकी बातें बड़ी अच्छी लग रही थीं।"

"अच्छा छोड़िए, आप इधर बाबा के पास बैठिए।"

श्यामू ने उसे एक चारपाई पर बैठाते हुए कहा, जिस पर एक अत्यन्त बूढ़े सज्जन बैठे हुए थे। धोती और मिरजई पहने। पोपला मुँह। आँखों पर टूटा हुआ-सा चश्मा चढ़ा था, मगर लगता था उससे भी वे देख नहीं पाते। श्यामू के वे बड़े ख़ास रिश्तेदार थे। पुरनियों में अब वही एक बचे थे।

"कउन, श्यामू ?" बुढ़ऊ के पोपले मुँह से निकला।

"हाँ बाबा।" श्यामू ने बस इतना कहा और चल पड़ा।

"ई कउन आयँ ?"

श्यामू ने शायद उनके इस सवाल को सुना ही नहीं।

बुढ़ऊ को दिखाई कुछ नहीं पड़ता था, मगर उन्हें यह एहसास था कि उनके पास कोई बैठा है। बोले :

''ठीक से बइठ जा बचवा।''

और उन्होंने अपने पाँव सिकोड़ लिए।

जमील ख़ामोश रहा।

थोड़ी देर तक बुढ़ऊ भी चुप रहे। मानो सोच रहे हों कि पास में जो बैठा है उससे क्या बातचीत करनी चाहिए ? फिर मानो उसे सुनाते हुए अपने-आप बतियाने लगे :

'कजनी हसमत अउर असफाक आए हन के नाँहीं। अरे ओहू त अब हमरे तरे बुजरुग होइ गय हन। का बताई बचवा, हसमत से हमरी जिगरी दोस्ती रही। जब-जब हम ई गाँव माँ आवत रहे, रोजाना हमरी बैठकी हसमत भइया के हियाँ होत रहे। ऊ हमरे बरे हलवाई के हियाँ से मीठा मँगवावैं, अउर फिर कहार बोलवाइ के इनारा से पानी खिंचवावैं। हमरे बरे। तब बचवा छूतछात बहुत रहा। मुलाँ दिल यद्दम गंगा की तरे साफ। अब त बचवा सहरन माँ, का हिन्दू का मुसुलमान—होटल में सब साथ बइठ के चाह पियतहैंन, अरे मीट-फीट तक खात हैंन, मुलाँ परेम उनकर खीरा के तरै। बाहर बाहर एक है, भीतर फाँकें तीन...''

तभी श्यामू पान लेकर वहाँ आ गया।

''लीजिए जीजा जी, पान खाइए।'' उसने जमील की तरफ़ पान बढ़ाते हुए कहा तो बुढ़ऊ एकबारगी चौंक पड़े।

''जीजा ! ई तुमरे जीजा बइठे हैं हियाँ। त बताय काहे नाहीं रे श्यामू ? आपन अँधरे बाबा क अइसन मजाक त न उड़ाव बचवा ! भगवान की इच्छा, अउर का ! ई कउन वाले दमाद हैं रे ? पुरुबवाले, उत्तरवाले, कि पछाँह वाले ? बोलते काहे नाहीं रे... ?''

श्यामू का पानवाला हाथ आगे बढ़ा हुआ है।

जमील ने पान लेने के लिए आगे बढ़ाया हुआ हाथ वापस ले लिया है।

श्यामू की तीन बहनें हैं। एक की शादी पूरब में हुई है, दूसरी की उत्तर में और तीसरी की पश्चिम में। पुरनिया बाबा जानते हैं।

जानते हैं, इसीलिए पूछ रहे हैं।

शायद पुरनिया बाबा के सवाल को आसपास बैठे लोगों ने भी सुन लिया था। उनकी आपस की बातचीत बन्द हो गई थी। सबकी निगाहें उसी चारपाई पर अटक गई थीं, जिस पर पुरनिया बाबा बैठे थे।

पुरनिया बाबा और उनके साथ बैठे श्यामू के जीजा जी।

तिलकहरु आ चुके थे और भीतर तिलक की तैयारियाँ शुरू हो गई थीं। श्यामू के तीनों जीजा जी वहाँ मौजूद थे। अनेक लोग उन्हें पहचानते थे। श्यामू की दीदियाँ भी वहाँ मौजूद थीं।

भीतर पूछताछ हो रही थी। देर क्यों हो रही है ? अब किसका इन्तज़ार है ?

इसी बीच राबिया वहाँ आकर, श्यामू के पास खड़ी हो गई। मुनिया घर की लड़कियों के बीच खिलौना बनी हुई थी।

लोगों को जड़वत् बैठे देख राबिया की समझ में नहीं आ रहा था कि क्या हो रहा है ?

अब कानाफूसियाँ होने लगी थीं। जैसे किसी तमाशे का, या फिर किसी रहस्योद्‌घाटन का इन्तज़ार हो।

जमील से यह सब सहा नहीं गया। वह चारपाई से उठकर राबिया की बग़ल में खड़ा हो गया।

"श्यामू" पुरनिया बाबा गरजे, "बकार काहे बन्द है रे ? बोलते काहे नाँहीं ?"

"का बोलैं बाबा ?" श्यामू के मुँह से बस इतना ही निकला और अपने हाथ का पान उसने चारपाई के सिरहाने रख दिया।

"ई कउनवाले दमाद हैं ? पुरुबवाले, कि उत्तरवाले..."

"न ई पुरुबवाले दमाद हैं बाबा, न उत्तरवाले, अउर न पच्छुमवाले..."

"त का फिर तोरी कउनो चउथी बहिनिया है जो दक्खिन में ब्याही है ? या फिर ई असमान से टपके हैंन !"

"ई राबिया के घरवाले हैं बाबा !"

बाबा चौंके। उन्होंने चश्मे के भीतर अपनी आँखें मुलमुलाईं।

"कउन राबिया ? ननकऊ केर बिटिया ? तोर छोटकी दीदी ?" बाबा के चेहरे पर बालसुलभ मुस्कान बिखरी।

"हाँ बाबा।"

"मोर बिट्‌टो कहाँ है ?" बाबा तड़पे।

तब, सिर का आँचल ठीक करती हुई, आगे बढ़कर, राबिया ने बाबा के पाँव छू लिए।

बाबा ने अन्दाज़ से राबिया के सिर पर अपना हाथ रख दिया।

"जुग जुग जिया बिटिया। दूधों नहावा, पूतों फला।"

तभी लड़कियों का एक झुंड भीतर से बाहर आया और एक शोर उठा :

"श्यामू भैया, दीदी, जीजा जी, कहाँ हैं आप लोग ? आप लोगन की वजै से सब नेगचार रुका पड़ा है।"

राबिया तो अपने श्यामू भैया और बुलाने आई लड़कियों के साथ भीतर चली गई, मगर जमील पास खड़े कटहल के पेड़ के पास जाकर उसके तने से लिपट गया और फूट-फूटकर रोने लगा।

कुछ समय बाद

बाबा तुलसीदास कह गए हैं : हरि अनंत हरि-कथा अनन्ता ! अतः इस कथा का अन्त यहीं हो गया, यह मान लेना ठीक नहीं होगा। अन्त कभी होगा भी या नहीं, विश्वासपूर्वक नहीं कहा जा सकता। घृणा तथा प्रेम दोनों ही शाश्वत हैं और अनन्त भी।

हुआ यह कि कुछ समय बाद जमील को कुछ पत्र मिले, जिन्हें यहाँ उद्धृत करना ज़रूरी लग रहा है :

यासमीन का पत्र

जनाब जमील साहब,

आदाब।

आप यहाँ आए और मुझसे मिले, यह मुझे अच्छा लगा। लेकिन अफ़सोस भी हुआ। मैंने तो सोचा था कि ज़माने की हक़ीक़त को समझते हुए अब आप काफ़ी बदल गए होंगे। मगर आपके ख़यालात तो वैसे ही हैं, जैसे पहले थे।

अब सोचती हूँ तो सुकून मिलता है कि अच्छा हुआ जो आपका और मेरा रिश्ता आगे नहीं बढ़ पाया। ख़ैर आपको एक ख़ुशख़बरी दे रही हूँ। मेरे शौहर जनाब आशिक़ अली राष्ट्रीय स्तर के साहित्यिक संस्थान के चेयरमैन हो गए हैं और अगले वर्ष फ्रांस में जो वर्ल्ड बुक फ़ेयर लगने जा रहा है, उसमें हिन्दुस्तानी प्रकाशकों, लेखकों और विद्वानों का प्रतिनिधित्व उन्हीं की मर्ज़ी से तय हो रहा है। मुझे उस बुक फ़ेयर में हिन्दी की मुसलमान विदुषी के रूप में आमंत्रित किया गया है। अगर आप भी हिन्दी की सेवा

करने के साथ-साथ मुसलमान भी बने रहते तो यह अवसर कभी आपको भी मिल सकता था। मगर अब तो लगता है कि आपके लिए इस तरह के सारे रास्ते बन्द हो चुके हैं।

ख़ैर, अल्लाह जिसे चाहता है उसी को नेक राह दिखाता है। उम्मीद है, राबिया देवी के साथ आप मज़े में होंगे।

–यासमीन

प्रिंसिपल साहब का पत्र

जमील साहब,

मुझे मोतबर ज़राय से मालूम हुआ है कि पिछले दिनों आप अपनी ससुराल में अपनी बीवी के साथ किसी हिन्दू ख़ानदान में हुए तिलक-बरच्छा के प्रोग्राम में शामिल होने के लिए गए थे। यह भी पता चला है कि आप न सिर्फ़ उस प्रोग्राम में शामिल हुए, बल्कि वहाँ हिन्दू देवी-देवताओं के पूजा-पाठ में भी बढ़-चढ़कर हिस्सा लिया।

आप तो जानते हैं कि 'महात्मा गांधी इंटर कॉलेज' एक माइनॉरिटी इंस्टीट्यूशन है। इस लिहाज़ से यहाँ का कोई भी मुसलमान फ़र्द अगर हिन्दू देवी-देवताओं के पूजापाठ में शामिल होता है तो उसका यह अमल न सिर्फ़ ख़िलाफ़े-इस्लाम है, बल्कि कॉलेज की पॉलिसी के हिसाब से जुर्म भी है।

अगर यह ख़बर कॉलेज के मैनेजमेंट तक पहुँच गई तो आपके ख़िलाफ़ कोई भी कार्रवाई हो सकती है। इसलिए मेरी दोस्ताना सलाह यह है, कि आप निहायत ख़ामोशी के साथ मेरे नाम एक माफ़ीनामा लिखकर दे दें। बाक़ी मैं सँभाल लूँगा। आगे आपकी मर्ज़ी।

नेक ख़्वाहिशों के साथ–

(हस्ताक्षर अस्पष्ट)

विभा अहमद का पत्र

जनाब जमील साहब,

नमस्कार !

[माफ़ कीजिएगा, आपको 'सलाम' लिखने को मेरा दिल गवारा नहीं कर

रहा है।]

आप यह तो जानते ही हैं कि मैंने अपना धर्म बदल लिया है। हिन्दू धर्म में मुझे इतनी बुराइयाँ दिखाई पड़ीं कि मुझे मजबूरन अपना धर्म बदलना पड़ा। मैंने मज़हबे-इस्लाम को सच्चे दिल से क़बूल कर लिया और एक मुसलमान युवक से शादी कर ली। आप यह न समझिएगा कि अपने प्रेमवश किसी मुसलमान लड़के से शादी करने के लिए मैंने अपना धर्म बदला। बल्कि सचाई यह है कि मैं किसी मुस्लिम परिवार में और मुस्लिम समाज में रहकर इस्लाम की गहराई को समझ सकूँ और दीन की नेक राह पर चल सकूँ यह मेरी दिली ख़्वाहिश थी। मेरी यह इच्छा पूरी भी हो रही है।

मगर मुझे यह नहीं मालूम था कि इस देश में कुछ ऐसे मुसलमान भी हैं जो हिन्दुओं से भी बदतर हैं। हिन्दू कम से कम गाय तो नहीं खाता; क्योंकि वह जानता है कि यह उसके धर्म के विरुद्ध है। लेकिन यह जानते हुए भी कि शराब पीना इस्लाम में हराम है, कुछ मुसलमान इस हराम चीज़ का सेवन करते हैं। जबकि क़ुरआन मजीद में एक-दो जगह नहीं, बल्कि सैकड़ों आयतों में शराब पीने को हराम क़रार दिया गया है। मैंने तो क़ुरआन मजीद को अच्छी तरह नहीं पढ़ा है, मगर यह बात ख़ुद मेरे शौहर ने बताई है। और आप यह बात तो जानते ही होंगे कि इस दुनिया में शौहर अपनी बीवी का मिजाज़ी ख़ुदा होता है। इसलिए उन पर अगर यक़ीन न करूँ तो यह सरासर गुनाह है।

जब मैं आपसे पहली बार मिली आपके कहानी-संग्रह पर आयोजित गोष्ठी में, तो वहाँ उपस्थित वक्ताओं से आपकी कहानियों और कविताओं की तारीफ़ सुनकर मैं आपसे बेहद प्रभावित हुई। मैं उन दिनों साहित्य के क्षेत्र में एकदम रंगरूट थी, इसलिए मैं अपनी रचनाएँ आपको दिखाकर आपका दिशा-निर्देश लेना चाहती थी।

लेकिन श्री महेश बेदी जी के यहाँ आयोजित डिनर पार्टी में यह देखकर मैं दंग रह गई कि दूसरे लोगों के साथ आप भी शराब पी रहे थे। फिर भी मैंने आपको अपनी कुछ कहानियाँ और कविताएँ दिखाने की इच्छा प्रकट की, जिसे आपने टाल दिया। फिर मैंने आपसे इल्तिजा भी की थी कि इस हराम चीज़ को छोड़ दीजिए।

उसके बाद आपसे मिलना नहीं हुआ, मगर न जाने क्यों मेरा दिल कहता था कि आपके ऊपर मेरी इल्तिजा का असर ज़रूर हुआ होगा और आपने

शराब से तौबा कर ली होगी। शादी से पहले मेरे शौहर बहुत सिगरेट पीते थे, मगर मेरी एक इल्तिजा पर उन्होंने फ़ौरन सिगरेट पीना छोड़ दिया। जबकि सिगरेट पीने को इस्लाम ने हराम क़रार नहीं दिया है।

पता नहीं कहीं मैंने पढ़ा या सुना था कि मर्द को बदलने में या उसकी उन्नति में (मुझे ठीक से याद नहीं) किसी न किसी औरत की भूमिका होती है। इसी से मैंने यह नतीजा निकाला था कि कोई भी पुरुष आत्मीयता से की गई किसी स्त्री की इल्तिजा को ठुकरा नहीं सकता। माना, कि मेरा-आपका कोई रिश्ता नहीं, लेकिन रचनाकार के रूप में हम सहधर्मी तो हैं।

ख़ैर, फिर हमारी मुलाक़ात 'राष्ट्रीय कवि-सम्मेलन' के अवसर पर हुई। वहाँ जब आपने यासमीन जी का ज़िक्र किया तो आपको परखने के लिए मैंने पूछा कि उनसे आपकी पटी कैसे ? वो तो रोज़ा-नमाज़ की पाबन्द हैं और आप... ? इस पर आपने स्वयं को 'दहरिया' कहकर टाल दिया। मैंने सोचा 'दहरिया' प्रायः कम्युनिस्टों को कहा जाता है; हो सकता है इस दौरान आप कम्युनिस्ट हो गए हों। फिर कम्युनिस्ट होना कोई गुनाह तो नहीं। कई मुसलमान ऐसे भी हुए हैं, जिन्होंने कम्युनिस्ट होते हुए भी किसी हराम चीज़ को हाथ तक नहीं लगाया। कम्युनिस्ट मुसलमानों में एक तो कोई मौलाना भी थे।

मगर मुझे बाद में पता चला कि उस रात कवि-सम्मेलन के बाद होटल के एक कमरे में आपने अपने कवि-मित्रों के साथ जमकर शराब पी।

और आप क्या समझते हैं, कि यासमीन जी से मुझको मिलवाना चूँकि आपने टाल दिया था, इसलिए मैं उनसे न मिली होऊँगी। लेकिन, जमील साहब मैं उनसे मिली। और यह जानकर दिल को तसल्ली हुई कि वो भी आपको नापसन्द करती हैं।

बहुत कुछ लिख गई, बुरा तो आपको लगेगा ही, मगर माफ़ी नहीं माँगूगी।

हाँ, अल्लाह तआला से लगातार दुआ कर रही हूँ कि फिर आपसे मिलना न हो, वरना आपकी परछाईं पड़ने से ही कहीं मेरी आक़बत ख़राब न हो जाए।

—विभा ए.

राष्ट्रीय कवि-सम्मेलन के संयोजक का पत्र

श्रीयुत् जमील जी,

सादर अभिवादन !

आप हमारे कार्यक्रम में पधारे, इस हेतु हम आपके अत्यंत आभारी हैं। अपने अति मनोहर काव्यपाठ के द्वारा आपने हमें वस्तुतः कृतार्थ कर दिया। हमारे श्रोतागण आपकी भूरि-भूरि प्रशंसा कर रहे हैं। एक मुसलमान तथा उर्दूभाषी होते हुए भी आप राष्ट्रभाषा में इतनी सुन्दर कविता रच लेते हैं, यह देखकर हमारे श्रोताओं को ही हीं, कार्यक्रम के आयोजकों को भी कितनी आश्चर्यमिश्रित प्रसन्नता हुई है; इसका वर्णन नहीं किया जा सकता।

फिर, आपने अपनी कविता में हिन्दू धर्मग्रंथों के मिथकों आदि का जो सार्थक प्रयोग किया है, वह तो नितान्त अद्भुत है। इस कविता को सुन-पढ़ कर कोई यह नहीं कह सकता कि यह किसी मुसलमान के द्वारा रची गई रचना है।

यहाँ एक कवि ने अपना विचार प्रकट करते हुए कहा कि आपकी कविता में हिन्दू धर्मग्रंथों के मिथकों का जो प्रयोग हुआ है, उसका कोई धार्मिक कारण नहीं है। इससे यह नहीं समझ लेना चाहिए कि कवि को हिन्दू धर्म से कोई विशेष प्रेम है। आपकी कविता तो मुक्तिबोध नामक किसी कवि की फैंटेसी जैसी शैली में रची गई एक नए प्रकार की कविता है।

परन्तु आप विश्वास करें, हमें उन कवि महोदय का विचार जँचा नहीं। सत्य तो यह है कि हमने मुक्तिबोध नाम के किसी कवि का नाम आज तक सुना ही नहीं है। कवि तो क्या किसी सामान्य हिन्दू का भी यह नाम हमने कभी नहीं सुना। यदि इस नाम का कोई कवि अथवा व्यक्ति है भी इस देश में तो निस्सन्देह उसके माता-पिता महा अज्ञानी होंगे, जिन्होंने अनेकानेक सुन्दर-सुन्दर नामों को छोड़कर अपने पुत्र का ऐसा नामकरण किया होगा।

रही बात फैंटेसी की, तो यह कोई भारतीय शब्द नहीं है। यह तो विशुद्ध विदेशीय आंग्लभाषा का शब्द है। और कोई भी सच्चा भारतीय रचनाकार अपनी रचना के लिए किसी विदेशीय शैली का आश्रय भला क्यों लेगा ? हाँ, इस सन्दर्भ में क्षमायाचना के साथ आपसे एक बात अवश्य कहना चाहूँगा। आपने भी अपनी कविता में यत्र-तत्र विदेशीय भाषा उर्दू के कुछ शब्दों का प्रयोग किया है, जो खटकता है। इस सम्बन्ध में यहाँ थोड़ा

विचार-विमर्श भी हुआ। उस समय मैंने आपका पक्ष लेते हुए लोगों को समझाया कि अन्ततः कवि ने तो किसी उर्दूभाषी मुसलमान परिवार में ही जन्म लिया है। उसकी विद्या-बुद्धि ने उसे संस्कारित तो किया है, किन्तु कुछ पुराने संस्कार अभी परिवर्तित होने से रह गए हैं। हमें पूर्ण विश्वास है कि शीघ्रातिशीघ्र आप उन कुसंस्कारों से मुक्त हो जाएँगे और विशुद्ध राष्ट्रभाषा में अपना रचनाकर्म करने लगेंगे।

आपके देशप्रेम एवं हिन्दू धर्म के प्रति आदरभाव के प्रति तो हमें कोई सन्देह है ही नहीं। यदि भारतवर्ष के सभी मुसलमान आप जैसे हो जाएँ तो फिर झगड़ा किस बात का ? परन्तु अभी तो यह असम्भव प्रतीत होता है।

हाँ, मैं आपको एक सूचना देना चाहता हूँ। निकट भविष्य में हम यहाँ एक विशाल हिन्दू सम्मेलन का आयोजन करने जा रहे हैं। हमारी हार्दिक इच्छा है कि उस सम्मेलन में ऐसे अहिन्दू लोग भी सम्मिलित होकर अपने विचार व्यक्त करें। हमारे आयोजकों का विचार है कि उक्त सम्मेलन में हम आपका भी एक व्याख्यान करवाएँ। हमें आशा ही नहीं, पूर्ण विश्वास है कि आप हमारे आमंत्रण को अवश्य स्वीकार करेंगे। इस हेतु हम आपको आने-जाने के लिए प्रथम श्रेणी का किराया तो देंगे ही, आपके निवास तथा भोजनादि की भी समुचित व्यवस्था करेंगे।

शुभकामनाओं के साथ, पत्रोत्तर की प्रतीक्षा में—

आपका

रामसनेही पाठक

'तूणीर' के सम्पादक श्री रामप्रसाद 'हठी' का पत्र

प्रिय भाई,

आप यहाँ आए, मुझसे मिले; यह सचमुच मुझे बहुत अच्छा लगा। आपसे जो विचार-विमर्श हुआ, उसमें मुझे आनन्द आया। उन्मुक्त होकर बोलने की आपकी शैली से मैं प्रभावित हुआ। यही कारण है कि आपकी किसी भी बात का मैंने बुरा नहीं माना। हालाँकि मेरी बातों को आपने कुछ इस तरह तोड़ा-मरोड़ा कि कुछ अन्य बिन्दुओं पर चर्चा नहीं हो सकी। जैसे, मेरी एक बात से तो आप ज़रूर सहमत होंगे कि कम से कम एक चीज़ तो ऐसी है जो मुसलमानों की अलग पहचान बनाती है। वह है 'बुरका'। आप कहेंगे

कि हिन्दुओं में भी तो 'घूँघट' की प्रथा रही है और है, मगर मेरा मानना है कि 'बुरका' उससे सर्वथा भिन्न है। अतः आपसे अनुरोध है कि आप 'तूणीर' के लिए इस विषय पर एक जोरदार लेख लिख भेजें।

अब आप सोचेंगे कि इस विषय पर क्या लिखा जाए ? तो, मैं कुछ संकेत दे रहा हूँ। 'बुरका' ओढ़ने की प्रथा से उत्पन्न समस्याओं के बारे में तो सभी लोग जानते हैं, मगर इस शब्द का तात्पर्य कोई नहीं समझता। अतः आप विस्तार से इस पर लिखें। बताएँ कि 'बुरका' शब्द का अर्थ क्या है और इस शब्द की व्युत्पत्ति किस शब्द से हुई है। यह भी समझाएँ कि उस मूल शब्द का वास्तविक अर्थ क्या है ? फिर, यह भी स्पष्ट करें कि मुसलमान स्त्रियों के इस विशेष वस्त्र को 'बुरका' नाम क्यों दिया गया और क्या कारण है कि कालांतर में इसे 'नक़ाब' कहा जाने लगा। कहीं ऐसा तो नहीं है कि 'बुरका' शब्द से कोई निषेधात्मक अर्थ ध्वनित होता हो।

मैंने एक कहावत सुनी है, ओढ़ें सिर पर और कहें बुरका। इस कहावत की व्याख्या भी कर सकें तो हमारे पाठकों का ज्ञान बढ़ेगा।

लेकिन ये सब संकेत मात्र हैं, अपने लेख में अन्य प्रकार के विचार व्यक्त करने के लिए आप स्वतंत्र हैं।

सानन्द होंगे।

आपका

–हठी

श्री ओमप्रकाश गुप्ता का पत्र

श्रीमान् जमील मास्टर जी,

नमस्कारम्।

मैं ओमप्रकाश गुप्ता हूँ। संभवतः आपको स्मरण होगा कि बहुत पहले हमारी भेंट ट्रेन में हुई थी। हम दोनों आमने-सामने बैठे थे। पारस्परिक परिचय के उपरान्त हम दोनों उर्दू भाषा एवं मुसलमानों के सम्बन्ध में वार्तालाप करने लगे। उस समय आपको हिन्दू समझते हुए मैंने मुसलमानों के बारे में कुछ कटु-तिक्त बातें कही थीं। परन्तु एक स्टेशन पर सहसा आपके एक साथी के आ जाने पर जब मुझे ज्ञात हुआ कि आप हिन्दू नहीं, बल्कि मुसलमान हैं तो मैं झेंप-सा गया और मैंने आपको मुसलमानों की

उदारता से सम्बन्धित कई घटनाएँ सुनाईं।

किन्तु न जाने क्यों यह बात रह-रहकर मुझे कचोटती रही कि मैं अपने विचारों की सत्यता पर उस समय डटा क्यों नहीं रह सका ? इसीलिए आपको यह पत्र लिखकर स्वयं को हलका करना चाह रहा हूँ।

दरअसल मास्टर साहब, मुसलमानों की उदारता से सम्बन्धित जो घटनाएँ मैंने आपको सुनाई थीं, वे सब पुराने जमाने की बातें थीं। आज के जमाने में तो ऐसे मुसलमान मुझे दिखाई नहीं पड़ते। रही बचपन की बातें, तो उस अवस्था में उचित-अनुचित का बोध ही कहाँ रहता है और जहाँ तक पिताजी के उर्दू मिडिल पास होने की बात है तो अंग्रेजों ने उसे आवश्यक कर रखा था, अन्यथा उर्दू की पुस्तक को वे छप्पर में छिपाकर क्यों रखते ? नियमित संध्या-वंदन करनेवाले को भला किसी म्लेच्छ और विदेशी भाषा से प्रेम हो सकता था !

स्वाधीनता के पश्चात् तो मुसलमानों की असलियत और भी स्पष्ट हो गई। उन्होंने अपने लिए एक अलग देश तो बनाया ही, हमारी भारतभूमि पर भी कब्जा जमाए रहे। और स्थिति अब यह है कि आप जैसे लोग हमारी मातृभाषा पर भी अधिकार करने की कुचेष्टा में लिप्त हैं।

कहावत है कि एक मछली पूरे तालाब को गंदा कर देती है। जबकि वास्तविकता यह है कि एक नहीं असंख्य मछलियाँ अपने अंडों-बच्चों समेत हमारे भारतवर्ष-रूपी तालाब को निरन्तर गंदा किए जा रही हैं। हमारे गुरुदेव श्री श्री 108 श्री आचार्य महादेव जी का कथन है कि जिस प्रकार हिटलर नामक शासक ने यूरोप से यहूदियों का सफाया कर दिया उसी प्रकार इस देश से भी जब तक मुसलमानों का पूर्णतया सफाया नहीं हो जाएगा, तब तक न तो इस देश से पाप मिटेगा और न ही इस देश की उन्नति होगी।

यदि अन्य सभी बातों को छोड़ भी दें तथापि एक बात तो शोचनीय है ही। मुसलमानों के अनेक कार्य हिन्दुओं से विपरीत है। हिन्दू यदि चोटी रखते हैं, तो ये दाढ़ी रखते हैं। ये सीधे नहीं; अपितु उलटे तवे पर रोटियाँ बनाते हैं। इस प्रकार ये लोग स्वयं तो उलटे काम करते हैं और मजाक हमारा उड़ाते हैं। कहते हैं, हिन्दुओं का हर काम उलटा होता है। और उदाहरण क्या देते हैं, जानते हैं ? 'हगैं गाँड़, मटियावैं लोटा।' यह उदाहरण वे अपनी कमजोरी को छिपाने के लिए या यह कहें कि अपने कृत्य को उचित ठहराने के लिए देते हैं। आप यह तो जानते ही होंगे कि शायद ही कोई ऐसा मुसलमान हो

जो शौच के उपरान्त मिट्टी से अपने हाथ धोता हो और अपना लोटा साफ़ करता हो। देश में ऐसे मुसलमानों की संख्या हजारों या लाखों में नहीं, बल्कि करोड़ों में है। अब यदि विज्ञान की दृष्टि से देखें तो उनके इस कुकृत्य से कितने विनाशकारी कीटाणु वातावरण में फैल रहे हैं और देश में नित नए-नए रोगों का जन्म हो रहा है।

अतः मेरा स्पष्ट मत है कि इस देश के मुसलमानों को या तो हिन्दू संस्कारों में ढल जाना चाहिए, या फिर इस पावनभूमि को छोड़ देना चाहिए। अन्यथा भविष्य में क्या होगा, कुछ कह नहीं जा सकता।

आप मुसलमान तो हैं, किन्तु चूँकि आप हिन्दी भाषा के अध्यापक भी हैं, अतः हिन्दू संस्कारों से थोड़ा-बहुत परिचय तो आपको होगा ही। यही सोचकर; जो बात उस दिन मैं खुलकर नहीं कह सका, अपने पत्र में लिखकर आपको प्रेषित कर रहा हूँ।

और क्या लिखूँ ? बड़े-बूढ़े कह गए हैं कि थोड़ा लिखना अधिक समझना।

—ओमप्रकाश गुप्ता

जनाब अब्दुस्सलाम 'नादाँ' का पत्र

मोहतरम जनाब जमील साहब,

अस्सलाम अलैकुम।

मैं यहाँ मय अहलो-अयाल के ख़ैरियत से हूँ और अल्लाह तआला से आपकी ख़ैरियत की दुआएँ माँगा करता हूँ। आपको याद होगा कि अर्सा पहले जब आप हमारे शहर में आए थे तो हम दोनों एक ही रिक्शे पर बैठकर 'बिस्मिल्लाह' होटल में पहुँचे थे और वहाँ खाना खाया था।

उस रोज़ आपसे मेरी कोई ख़ास गुफ़्तगू तो नहीं हुई, मगर मालूम हुआ कि आप किसी स्कूल में हिन्दी ज़ुबान के मुदर्रिस हैं। बाद में यह भी पता चला कि आप हिन्दी ज़ुबान में अफ़साने वग़ैरह भी लिखते हैं और शे'र-ओ-शायरी का शौक़ भी रखते हैं। अगर यही काम अपनी ज़ुबान में, यानी उर्दू में करते तो आपका भला भी होता और उर्दू ज़ुबान का भी।

ख़ैर, आपसे गुफ़्तगू करके लगा कि आप सिर्फ़ हिन्दी ज़ुबान के मुदर्रिस

या अदीब ही नहीं हैं, बल्कि किसी न किसी हद तक हिन्दुओं के हिमायती भी हैं।

इस मुल्क में हिन्दू-मुसलमान सब मिल-जुलकर रहें, यह भला कौन नहीं चाहता ! मगर इस हक़ीक़त से तो आप भी इनकार नहीं करेंगे कि मुल्क में आये-दिन कम्युनल रायट्स हुआ करते हैं, जिनमें पुलिस और फ़ौज के लोग भी हिन्दुओं का ही साथ देते हैं। और इसकी वजह यही है कि वो भी तो हिन्दू ही होते हैं।

सच तो यह है जमील साहब, हिन्दुओं की पूरी जमात ही फ़ित्नःपरस्तों की क़ौम है और यह क़ौम किसी भी हाल में मुसलमानों का दोस्त नहीं हो सकती। पता नहीं आपको मालूम है या नहीं, कि इस्लाम ने अपने चार बड़े दुश्मनों का ज़िक्र किया है : काफ़िर, मुशरिक़, मुन्किर और मुनाफ़िक़। 'काफ़िर' कहते हैं ग़द्दारी और एहसानफ़रामोशी करनेवाले को। 'मुशरिक़' उस शख़्स को कहते हैं जो अल्लाह के ज़ाते-पाक में किसी और को शरीक करे; यानी अल्लाह के इलावा दूसरे देवी-देवताओं की पूजा भी करे। 'मुन्किर' का मतलब है, वह शख़्स जो ख़ुदा के वजूद से ही इनकार करे। ऐसे लोग इस मुल्क में बहुत हुए हैं, जिन्हें 'नास्तिक' कहा गया है। और 'मुनाफ़िक़' उसे कहते हैं, जो दुहरी चाल चले। ऐसा शख़्स पीठ-पीछे जिसकी बुराई कर रहा होता है, उसके सामने आते ही उसकी तारीफ़ें करने लगता है।

मतलब यह, कि हिन्दुओं को मुसलमान लोग सिर्फ़ काफ़िर समझते हैं; मगर असल में वो काफ़िर भी हैं, मुशरिक़ भी, मुन्किर भी और मुनाफ़िक़ भी। बल्कि यूँ कहा जाय कि ज़्यादातर हिन्दू मुनाफ़िक़ ही हैं। वो जब अपने लोगों के बीच होते हैं तो मुसलमानों की ख़ूब बुराई करते हैं, मगर जैसे ही मजलिस में कोई मुसलमान आ जाता है, उनकी बातचीत का रुख़ बदल जाता है। वो मुसलमानों की तारीफ़ें शुरू कर देते हैं। अल्लाह तआला ने ऐसे लोगों को बहुत ख़तरनाक बताया है और इस्लाम ने तो साफ़-साफ़ मुनाफ़िक़ों को अपना सबसे बड़ा दुश्मन माना है।

हालाँकि इस तरह की हरकतें कुछ मुसलमान लोग भी करते हैं, मगर उनकी तादाद कम है। फिर यह भी तो है कि मुसलमान जब नमाज़ के बाद दुआ माँगता है तो अपने हर गुनाह से तौबा कर लेता है और अल्लाह तआला उसे माफ़ करके नेकी की राह पर चलने को रुजूअ कर देता है।

मगर ये हिन्दू ? इनके रहनुमा तो बस तअस्सुब से भरे हुए चन्द सियासी

लीडर और पण्डे-पुजारियों के इलावा दूसरा कोई नहीं है।

इसलिए इस मुल्क के मुसलमानों को इनसे हमेशा दूरी बनाकर ही रहना चाहिए।

आप माशाअल्लाह हिन्दी के मुदर्रिस भी हैं और अदीब भी। जैसाकि मालूम हुआ है हिन्दू मज़हब में आपकी ख़ासी दिलचस्पी भी है। इसलिए मैं पूरे यक़ीन के साथ कह सकता हूँ कि आपके घर में क़ुरआन मजीद भले न हो, गीता और रामायन जैसी किताबें तो ज़रूर ही होंगी। मगर माफ़ कीजिएगा, बुरा वक़्त आने पर ये चीज़ें कुछ भी काम न आएँगी। आपकी जानकारी के लिए बता दूँ कि इस तरह की ख़ुशफ़हमी में दंगों के दौरान एक तरक़्क़ीपसंद शायर को अपना शहर छोड़कर भागना पड़ा और एक अफ़सानानिगार का क़त्ल हो गया।

असलियत तो यह है जमील साहब कि ज़माना कितना ही बदल जाय, दुनिया में कितना ही इन्क़लाब आ जाए मगर हिन्दू और मुसलमान एक न हो सकेंगे। जैसे आज हिन्दू का बच्चा हिन्दू होता है और मुसलमान का बच्चा मुसलमान; वैसे ही हज़ार साल बाद भी होगा। आपने वह मसल न सुनी होगी कि—'गंदुम अज़ गंदुम बिरोयद जौ क जौ' यानी गेहूँ से गेहूँ और जौ से जौ ही पैदा होता है।

इसलिए मैं आपकी भलाई के लिए कहता हूँ कि अपनी रोज़ी-रोटी कमाने के लिए आप जो जी में आए, कीजिए; मगर यह मानकर चलिए कि आपकी इज़्ज़त और हिफ़ाज़त दोनों ही अपनी, यानी मुसलमानों की क़ौम के बीच ही मुमकिन हो पाएँगी। वरना होगा यह, कि आप तो उन्हें गीता और रामायन दिखाएँगे, मगर उनकी नज़र में आप जमील अहमद नाम के मुसलमान ही होंगे। बस। इससे कम या ज़्यादा कुछ नहीं। और वे आपके साथ भी वही सलूक करेंगे जो दूसरे मुसलमानों के साथ कर रहे होंगे।

समझाना मेरा फ़र्ज़ था, इसलिए यह सब लिख दिया। कुछ बुरा लगा हो तो माफ़ कीजिएगा।

अगले माह हमारे शहर में मासूम शाह बाबा का एक बहुत बड़ा उर्स होनेवाला है, उसमें शामिल हो सकें तो हमें बड़ी ख़ुशी होगी।

नेक ख़्वाहिशात के साथ—

नाचीज़

—नादाँ

जमील को इस तरह के जितने भी पत्र मिलते, वह उन्हें एक बड़े से लम्बे-चौड़े लिफ़ाफ़े में डालता जाता। जब बहुत दिनों तक ऐसा कोई ख़त नहीं आया तब वह सोचने लगा कि अब इन ख़तों का किया क्या जाय ? और एक रोज़ उसने तय किया कि क्यों न राबिया से मदद ली जाय !

राबिया उस वक़्त उसी कमरे में थी और खटोले पर लेटी मुनिया को सुला रही थी। जमील ने उसे पुकारा :

"राबिया !"

"जी।" राबिया फुसफुसाई।

"मुनिया सो गई ?"

"लगता तो है।" यह कहती हुई उसने मुनिया को थपकियाँ देनी बन्द कर दीं। मुनिया सो गई थी।

"अगर सो गई हो तो ज़रा यहाँ आना।" जमील अपनी चारपाई पर सँभलकर बैठते हुए बोला।

राबिया खटोले पर से उठी और जमील के पास आकर चारपाई के पैताने की तरफ़ बैठ गई।

"तुमसे एक बात पूछनी थी।" जमील इस तरह बोला मानो पत्नी के किसी अपराध का पता उसे चल गया हो।

"पूछिए।" राबिया के स्वर में भी घबराहट थी, जिसे जमील भाँप गया। बोला :

"घबराओ नहीं, कोई ख़ास बात नहीं है। मैं सिर्फ़ यह पूछना चाह रहा था कि अगर काग़ज़ का कोई टुकड़ा, जिस पर कुछ पाक अल्फ़ाज़—यानी शब्द—लिखे हों और वह टुकड़ा घर में कहीं इधर-उधर पड़ा मिल जाए तो उसका क्या करना चाहिए ?"

राबिया को यह सवाल कुछ बेतुका-सा लगा। बोली :

"आप इतने पढ़े-लिखे हैं, क्या आपको नहीं मालूम ?"

"मालूम तो है, मगर शायद तुम कोई और रास्ता बताओ। मज़हबी लोग तो तरह-तरह की बातें बताते हैं।

"मेरे ख़याल से तो काग़ज़ के ऐसे टुकड़े को नदी या तालाब में बहा देना चाहिए।"

"तुम्हें किसने बताई यह बात ?"

राबिया को जमील की इस बात में जिरह करने की बू आई। बोली :

"किसी ने नहीं। हमने अपने घर में ख़ुद देखा है। अब्बा जब बाज़ार से सौदा लाते थे तो हल्दी, धनिया, मिर्चा वग़ैरह सब मसाले काग़ज़ की पुड़ियों में बँधे हुए होते थे। अम्माँ उन्हे खोल-खोलकर डिब्बों में डालती थीं। कभी-कभी उनमें से कोई चीज़ किसी उर्दू अख़बार के टुकड़े में बँधी होती थी। उस टुकड़े को अब्बा हमें देते और कहते, जाओ इसे तालाब में बहा आओ। और हम बहा आते थे। उर्दू को अब्बा निहायत पाक ज़बान मानते हैं।"

"मगर उन्हें उर्दू तो आती नहीं।"

जमील की इस बात से राबिया थोड़ी चिढ़-सी गई, मगर झल्लाई नहीं। बोली :

"तो इससे क्या होता है...ख़ैर, आप यह बताइए कि क्या आपको भी काग़ज़ का कोई ऐसा टुकड़ा मिला है, जिसमें पाक शब्द लिखे हों ?"

"एक नहीं, कई मिले हैं।"

"वे कहाँ हैं ?"

"मैंने उन्हें एक बड़े-से लिफ़ाफ़े में रख दिया है। तुम ऐसा करो कि मुहल्ले के किसी लड़के को भेजकर वह लिफ़ाफ़ा नदी में बहवा दो।"

"मगर इस शहर में एक ही तो नदी है और उसका पानी ख़ुद बहुत गंदा है। शहर-भर के सीवरों और नालियों का पानी उसी नदी में गिरता है। इसके अलावा नदी के किनारे जो मुर्दे जलाए जाते हैं, उनकी गंदगी भी उसी नदी में बहा दी जाती है। लोग बताते हैं कि बदबू के मारे घाट पर खड़ा नहीं हुआ जाता। अब ऐसे पानी में तो किसी पाक चीज़ को बहाना ठीक नहीं है।"

"तो फिर ऐसा करो कि किसी तालाब में बहवा दो।"

"तालाब !" राबिया को जमील के अज्ञान पर कोफ़्त हुई, "क्या आपको पता नहीं कि शहर के इर्द-गिर्द वाले तीनों तालाब सूखे पड़े हैं। जब ठीक से बारिश नहीं होगी तो तालाब सूख नहीं जाएँगे। और आप देखते नहीं कि कई बरसों से सावन-भादों के महीने जेठ-बैसाख की तरह लगते हैं। बादल घिरते हैं और फिर न जाने किधर चले जाते हैं। एक तालाब में थोड़ा पानी है भी तो पानी से ज़्यादा उसमें बदबूदार कीचड़ भरा है। ऊपर से पनसोखवा की लतरों ने उसे भी छिपा रखा है। आपका लिफाफा तो उन्हीं लतरों पर जाकर गिरेगा और फिर किसी दिन हवा के झोंके से पास के किसी खेत में

जा उड़ेगा, जहाँ लोग दिसा-फराग़त के लिए बैठते हैं। तो क्या आप चाहेंगे कि किसी पाक चीज़ की ऐसी बेहुरमती हो ?''

पत्नी की समझदारी पर जमील को गर्व हुआ। बोला :

''फिर कोई कुआँ तलाश करो।''

''कुआँ ?'' राबिया को हँसी आ गई, ''आप पागल तो नहीं हो गए हैं। शहर तो क्या घर-घर में यहाँ नल लगे हुए हैं। जो पुराने कुएँ थे वे या तो ख़ुद ही धँसकर बैठ गए हैं, या फिर उन्हें पाट दिया गया है। नल ने जब इतनी आसानी पैदा कर दी है कि ज़रा-सी टोंटी घुमाओ और पाँच मिनट में बाल्टी भर जाती है तो कौन मूरख लेजुरी-बाल्टी लेकर कुएँ से पानी खींचने जाएगा। हाँ, अगर आप कहें तो अम्मां के यहाँ चलें। वहाँ अपने मैके में जाकर मैं यह काम कर सकती हूँ। हालाँकि सुनने में आ रहा है कि वहाँ भी अब नल लगने वाले हैं।''

''तुम्हारे गाँव तो फ़िलहाल मैं न जाऊँगा; वहाँ इतने 'शरीफ़' लोग बसते हैं कि उनसे जूझना मेरे बस की बात नहीं है। और सुन लो, मैं तुम्हें अकेले भी वहाँ न जाने दूँगा।'' जमील ने थोड़ा सख़्त होकर कहा, ''तुम तो इसी शहर में किसी कुएँ का पता लगाओ। मुझे पूरा विश्वास है कि शहर में कोई न कोई कुआँ अभी चालू हालत में ज़रूर होगा। यह शहर अभी इतना डेवलप नहीं हुआ है।''

''मगर मैं कहाँ से पता लगाऊँ ?'' राबिया ने थोड़ा चिढ़ते हुए, मगर चिन्तित स्वर में कहा :

''सुनो, मैं ठहरा मर्द ओर तुम ठहरी औरत,'' जमील ने राबिया की चिढ़ को दूर करने के लिहाज़ से स्त्री जाति की तारीफ़ करनी शुरू कर दी, ''औरत—यानी—स्त्री की बुद्धि कवि के समान होती है। और कवि के बारे में कहा गया है कि 'जहाँ न पहुँचे रवि, वहाँ पहुँच जाए कवि।' यानी जिस जगह सूरज की रौशनी भी नहीं पहुँचती, कवि का दिमाग़ वहाँ भी पहुँच जाता है। इसलिए अगर तुम कविवाले दिमाग़ का इस्तेमाल करोगी तो यह काम तुम्हारे लिए बहुत मुश्किल नहीं है। अब तुम कहोगी कि कवि तो आप हैं और कवि का दिमाग़ लगाने के लिए मुझे कह रहे हैं ! तो सुनो, मैं सिर्फ़ शब्दों का कवि हूँ, व्यावहारिकता मुझमें बिलकुल नहीं है। मेरे मिलने-जुलने वालों का दायरा भी बहुत सीमित है... ।''

''अच्छा बाबा अब बस करो,'' राबिया ने पति को रोकते हुए कहा, ''मैं

कोशिश करूँगी कि कहीं किसी कुएँ का पता लग जाय, बस।''

इस बीच मुनिया जाग गई थी और रोने लगी थी। राबिया उठकर दुबारा मुनिया को थपकियाँ देने लगी, मगर उसका रोना बन्द नहीं हुआ तब वह अपना ब्लाउज़ खोलकर खटोले पर बैठे-बैठी ही बिटिया को दूध पिलाने लगी।

जमील कोई किताब पढ़ने में व्यस्त हो गया।

कई रोज़ गुज़रने के बाद, अचानक एक शाम राबिया मुस्कराती हुई जमील के पास पहुँची। जमील उस वक़्त अपनी पुरानी-सी टेबुल पर बैठा अपनी एक कहानी की पांडुलिपि में काट-छाँट कर रहा था। आहट पाकर चौंका और पीछे मुड़ गया।

''अरे तुम !'' राबिया को देखकर जमील को थोड़ा इसलिए आश्चर्य हुआ कि जब वह कुछ लिख रहा होता था तो राबिया उसके पास नहीं आती थी।

''क्या हुआ ? मैंने आपके काम में ख़लल डाल दी न !'' यह बोलती हुई भी राबिया मुस्कराती रही।

''नहीं तो,'' जमील ने उसे आश्वस्त किया, ''मैं कोई ख़ास काम नहीं कर रहा था। मगर बात क्या है ? तुम बहुत ख़ुश नज़र आ रही हो।''

''ख़ुशी की बात ही है।''

''तो फिर बताओ न।''

''आख़िर वह मिल ही गया।''

''वह क्या ?''

''कुआँ।''

''कुआँ !'' जमील उछलकर खड़ा हो गया, ''क्या कोई कुआँ चालू हालत में है अभी इस शहर में ?'' जमील ने इस तरह पूछा मानो उसे विश्वास न हो रहा हो।''

''हाँ है और हमारे मुहल्ले से ज़्यादा दूर भी नहीं है।'' राबिया के स्वर में विजयिनी-जैसा भाव था।

''कहाँ है ?''

''एक मस्जिद की बग़ल में।''

''वह खुला हुआ है ?''

"जी।"

"पानी है उसमें ?"

"हाँ है। नमाज़ी लोग उसी कुएँ के पानी से तो वज़ू बनाते हैं।"

"क्यों ? शहर की तो तक़रीबन हर मस्जिद में नल लगे हुए हैं।"

"इस मस्जिद में भी लगा था, मगर फ़िलहाल वह कटा हुआ है। इसीलिए तो कुएँ के मुँह को खुलवाया गया है, वरना कब से वह बन्द पड़ा था।

"नल क्यों कटा हुआ है ?"

"अब हम क्या जानें ? कोई कहता है, कई महीनों का बिल जमा नहीं हुआ था इसलिए पानी के दफ़्तरवालों ने नल का कनेक्शन काट दिया। और कोई कहता है, बिल ज़्यादा आ रहा था इसलिए मस्जिदवालों ने ख़ुद कटवा दिया। असलियत क्या है, यह तो ख़ुदा ही जाने।"

"ख़ैर, हमें इन सब बातों से क्या मतलब ? तुम तो ऐसा करो कि किसी को भेजकर वह लिफ़ाफ़ा कुएँ में डलवा दो।"

"किसी को भेजकर क्यों, मैं ही डाल आऊँगी।"

"तुम ? तुम जाओगी कुएँ में लिफ़ाफ़ा डालने ?"

"क्यों ? क्या मैं यह काम नहीं कर सकती ? आप यही तो कह रहे थे न, कि उस लिफ़ाफ़े में कुछ ऐसे काग़ज़ हैं, जिनमें पाक लफ़्ज़ लिखे हुए हैं ! तो यक़ीन मानिए कि मैं इन दिनों नापाक नहीं हूँ।"

"नहीं नहीं, मेरा मतलब यह नहीं था," जमील हकलाया, "मैंने सोचा, तुम कहाँ इतनी दूर..."

"कहा न, वह जगह यहाँ से बहुत दूर नहीं है। आप लाइए लिफ़ाफ़ा, मैं आज ही उसे कुएँ में डाल आती हूँ।"

"आज ही ?"

"हाँ, आज ही। नेक काम में देर क्यों ?"

राबिया के स्वर में दृढ़ता थी और जमील के चेहरे पर तनाव।

जमील खड़ा-खड़ा कुछ सोचता रहा, फिर अपने बैग से पत्रोंवाला लिफ़ाफ़ा निकालकर राबिया को उसने थमा दिया।

"मुनिया कहाँ है ?"

लिफ़ाफ़ा लेकर राबिया चलने लगी तो जमील ने दरयाफ़्त किया।

"वह क्या अपने खटोले पर सोई हुई है ! आपका ध्यान कहाँ है आज ?"

यह बोलती हुई राबिया कमरे से बाहर निकल गई।

जमील ने देखा, मुनिया अपने खटोले पर गहरी नींद में सोई हुई थी।

वह अपनी चारपाई पर जाकर लेट गया।

जमील लिफ़ाफ़े में रखे उन पत्रों के बारे में कुछ भी नहीं सोचना चाहता था मगर वे उसकी नज़रों के सामने फड़फड़ा रहे थे। उनमें लिखे शब्द उसके कानों में बज रहे थे। उन शब्दों के पीछे छिपे अर्थ उसके मस्तिष्क को मथ रहे थे। उन शब्दों के अर्थ भी दो तरह के थे। एक अर्थ उसे अतीत की ओर ले जाता था तो दूसरा भविष्य की ओर। जो अर्थ अतीत से जुड़ा था वह बहुत कोशिशों के बाद भी नष्ट नहीं हुआ था। इसलिए इसकी कोई सम्भावना नज़र नहीं आती थी कि भविष्य से जुड़ा हुआ अर्थ कभी नष्ट हो पाएगा।

फिर क्या होगा ? आनेवाली पीढ़ी जिस माहौल में साँस लेगी वह कैसा होगा ? कैसी होगी वह ज़मीन और कैसा होगा वह आसमान ?

जमील झुँझलाकर उठ बैठा और खिड़की के पार देखने लगा। स्ट्रीट लाइट्स जल गई थीं। फिर उसने कमरे में नज़रें दौड़ाईं। वहाँ अँधेरा था। लेकिन उसकी इच्छा नहीं हुई, कि उठकर लाइट जला दे। वह दुबारा लेट गया।

तभी राबिया ने कमरे में प्रवेश किया।

"सो रहे हैं क्या," उसने कमरे का स्विच ऑन करते हुए पूछा, "लाइट क्यों नहीं जलाई ?"

जमील उठकर बैठ गया और राबिया के हाथों को देखने लगा। वे ख़ाली थे।

"मैंने आपका काम कर दिया।" राबिया ने जमील के बिस्तर पर बैठते हुए उसे इस तरह सूचित किया जैसे कोई बच्चा स्कूल से लौटकर माँ-बाप को अपने पास होने की ख़बर सुनाता हो।

"लिफ़ाफ़े को कुएँ में डालते वक़्त तुम्हें किसी ने देखा तो नहीं ?" जमील ने किसी अपराधी के अन्दाज़ में पूछा।

"नहीं। हालाँकि आपने कुछ कहा नहीं था, मगर मैं समझ गई थी कि..." राबिया किसी दीक्षित शिष्य की भाँति बोल रही थी, "जानते हैं क्या

हुआ ? मैं जिस वक़्त वहाँ पहुँची, मग़रिब की नमाज़ शुरू होनेवाली थी। ज़्यादातर नमाज़ी मस्जिद के अन्दर पहुँच गए थे, मगर दो-तीन लोग कुएँ के चबूतरे पर बैठे अब भी वज़ू कर रहे थे। तब मैंने इधर-उधर नज़रें दौड़ाईं और देखा कि एक तरफ़ ईंटों के ढेर लगे हुए हैं। मैं उन्हीं ईंटों की आड़ में जाकर छिप गई। जब वज़ू करनेवाले लोग भी मस्जिद के अन्दर चले गए तब मैं वहाँ से निकली और जल्दी-जल्दी चलकर लिफ़ाफ़ा कुएँ में डाल दिया।''

जमील ख़ामोश रहा।

''और जानते हैं, मैंने क्या किया ?'' राबिया का बोलना जारी रहा, ''लिफ़ाफ़े को कुएँ में डालने के बाद मैंने एक दुआ भी पढ़ी।''

''कौन-सी दुआ ?'' अब जमील चौंका।

''इन्ना लिल्लाहे व इन्ना इलैहे राजेऊन।''

''यह दुआ तो किसी के मर जाने के बाद पढ़ी जाती है।''

''मालूम है। और यह भी मालूम है कि जब कोई मर जाता है तो वह लाश हो जाता है। फिर लाश को या तो जला दिया जाता है, या दफ़ना दिया जाता है, या फिर पानी में बहा दिया जाता है।''

''तो क्या तुमने यह समझ लिया कि एक लिफ़ाफ़े की शक्ल में तुमने किसी लाश को पानी में डाला है ?''

''क्या कोई ग़लती हो गई मुझसे ?''

राबिया का चेहरा अचानक मुरझा-सा गया।

''नहीं, तुमसे कोई ग़लती नहीं हुई है। बात दरअस्ल यह है कि...'' इतना कहकर जमील ख़ामोश हो गया। राबिया को अपने शौहर की ख़ामोशी में कोई राज़ छिपा हुआ महसूस हुआ। इसलिए वह ख़ामोश नहीं रही।

''क्या बात है ?'' राबिया ने फ़ौरन सवाल किया तो जमील की ख़ामोशी टूट गई। उसके भीतर जो कुछ उमड़-उमड़ रहा था, वह सब बाहर निकल आया।

''बात यह है कि लिफ़ाफ़े में कुछ ख़त थे। पानी में रहते-रहते उन ख़तों में लिखे हुए शब्द भले ही मिट जाएँ, मगर उनके लिखनेवाले तो ज़िन्दा हैं और अभी बरसों ज़िन्दा रहेंगे। हाँ, चूँकि हर आदमी को एक न एक दिन मरना है; इसलिए वे भी कभी-न-कभी मर जाएँगे, मगर क्या उनके साथ वो चीज़ें भी मर जाएँगी ?''

“कौन-सी चीज़ें ?” राबिया बड़ी हैरत के साथ जमील का मुँह ताक रही थी।

“वे शब्द, उनके पीछे छिपे हुए अर्थ...”

“मैं कुछ समझी नहीं।” राबिया बीच में ही बोल पड़ी।

“शायद मुनिया जाग गई है, देखो तो ज़रा।” जमील ने राबिया का ध्यान बेटी की ओर मोड़ दिया और वह मुनिया के खटोले की तरफ़ देखने लगी।

मुनिया सचमुच जाग गई थी, मगर वह रो नहीं रही थी। वह अपने माँ-बाप की तरफ़ देख रही थी। अपलक।

जमील उसकी आँखों में कुछ तलाश रहा था।

●●●